Gustav Landgraf

Untersuchungen zu Caesar und seinen Fortsetzern

insbesondere über Autorschaft und Komposition des Bellum Alexandrinum und

Africanum

Gustav Landgraf

Untersuchungen zu Caesar und seinen Fortsetzern
insbesondere über Autorschaft und Komposition des Bellum Alexandrinum und Africanum

ISBN/EAN: 9783743424593

Hergestellt in Europa, USA, Kanada, Australien, Japan

Cover: Foto ©ninafisch / pixelio.de

Manufactured and distributed by brebook publishing software
(www.brebook.com)

Gustav Landgraf

Untersuchungen zu Caesar und seinen Fortsetzern

Untersuchungen

zu

Caesar und seinen Fortsetzern

insbesondere über

Autorschaft und Komposition

des Bellum **Alexandrinum** und **Africanum**.

Von

Dr. Gustav Landgraf.

Erlangen.
Verlag von A. Deichert.
1888.

A.

Allgemeiner Teil.

Die Frage nach der Autorschaft der in das Corpus Caesarianum einverleibten Schriften über den alexandrinischen, afrikanischen und spanischen Krieg hat uns das Altertum ungelöst hinterlassen. Denn wie wir aus Sueton Vit. Iul. c. 55: „Reliquit (Caesar) et rerum suarum commentarios Gallici civilisque belli Pompeiani. Nam Alexandrini Africique et Hispaniensis incertus auctor est. Alii enim Oppium putant, alii Hirtium: qui etiam Gallici belli novissimum imperfectumque librum suppleverit" ersehen, schwankte man schon im Altertum zwischen Hirtius und Oppius als Verfasser der Supplemente de bell. Alex., Afric., Hispan., und in unserer Zeit ist diese Unsicherheit insoferne noch eine gröfsere geworden, als man auch die Autorschaft des achten Buches de bello Gallico, die Sueton doch im Gegensatz zu den anderen Fortsetzungen ausdrücklich dem Hirtius zuschreibt (den Konjunktiv suppleverit erklärt Nipperdey quaest. Caes. p. 10 richtig ‚coniunctivo nihil aliud indicatur nisi ea verba ab iis adiecta esse, qui reliquorum quoque librorum Hirtium auctorem esse contendebant'), in den Kreis jener Zweifel gezogen hat (z. B. Weifsenborn in der Recension der Nipperdey'schen Caesarausgabe Jahns Jahrbb. 1849 p. 377). Doch ist die ganze Frage erst wieder in lebhafteren Flufs gekommen und eifriger pro und contra diskutiert worden, seit Nipperdey in den seiner epochemachenden Caesarausgabe v. J. 1847 vorausgeschickten Quaestiones p. 8—34 umsichtiger und gründlicher als seine Vorgänger dieselbe einer erneuten Prüfung unterzogen hat. Diese Untersuchung führte zu folgenden Resultaten:

1. Der von Sueton erwähnte Oppius kann der Verfasser von Gall. VIII und bell. Alex. nicht sein, da manches von dem, was in der dem VIII. Buche vorangehenden Epistula ad Balbum angedeutet ist, sich nicht auf ihn anwenden läfst, wohl aber auf Hirtius, der auch am Schlusse einiger Handschriften von Gall. VIII genannt wird (p. 9. 10).

2. Hirtius ist — wie schon aus der Anführung bei Sueton l. c. hervorgeht (de iisdem commentariis Hirtius ita praedicat: Adeo probantur etc. — Worte aus der Epist. ad Balbum) der Verfasser der Epistula ad Balbum und zwar hat er dieselbe vor der Vollendung der nachfolgenden Kommentare geschrieben (p. 32).

3. Den in diesem Briefe kundgegebenen Plan „die unvollendeten Kommentarien Caesars zu einer fortlaufenden Einheit zu ergänzen und bis zum Tode Caesars zu führen" (Caesaris nostri commentarios rerum gestarum non cohaerentibus superioribus atque insequentibus eius scriptis contexui novissimumque imperfectum ab rebus gestis Alexandriae confeci usque ad exitum non quidem civilis dissensionis, cuius finem nullum videmus, sed vitae Caesaris) wurde er durch seinen plötzlichen Tod in der Schlacht bei Mutina c. 27. April des J. 43 v. Chr. verhindert. Daher sind von seiner Hand nur die Bücher de bell. gall. VIII und de bell. Alex., welche Hirtius zu Beginn des Jahres 43 schrieb. Die Identität der Verfasser dieser beiden Schriften ergibt sich aus den zahlreichen Ähnlichkeiten der Sprache (p. 14. 32).

4. Für den afrikanischen und spanischen Krieg erbat sich Hirtius von gut orientierten Augenzeugen eine Beschreibung derselben, wurde aber an der Um- und Verarbeitung dieses Materials durch den Tod abgehalten. Doch haben beide Kommentarien nicht denselben Verfasser, vielmehr steht der erstere in sprachlicher wie sachlicher Beziehung weit über dem letzteren (p. 15 ff. 34).

Nipperdey's Hypothese fand fast allgemeine Zustimmung und verschaffte sich Eingang in die Litteraturgeschichte, obwohl sie im einzelnen heftigem Widerspruche begegnete. Vor allem machte man gegen die Autorschaft des Hirtius geltend, dafs er unmöglich in der kurzen ihm von N. zubemessenen

Zeit „unter den Sorgen des Konsulats, noch dazu krank und kaum seinen öffentlichen Geschäften genügend, seit dem Januar im Felde, zu dieser Beschäftigung habe Mufse finden können" Weifsenborn l. l. p. 377. Ähnlich spricht sich Forchhammer quaest. critic. 1852 p. 55 f. aus, der aus diesem Grunde zu dem Schlusse kommt ‚quare num Hirtius commentarium de bello Alexandrino confecerit valde dubium est'. Ihnen schliefst sich Fr. Fröhlich (das Bellum Afrikanum sprachlich und historisch behandelt, Züricher Diss. 1872) p. 9 an, der den Balbus als den Verf. des bell. Alex. aufstellt. Doch fallen diese Bedenken gegen Nipperdeys Hypothese nicht so schwer ins Gewicht, steht doch nichts der Annahme im Wege, dafs Gall. VIII bereits im Sommer 44 geschrieben worden sei und bell. Alex. etwa im November, nachdem sich Hirtius von seiner schweren Krankheit erholt hatte. Das ist die Ansicht von Ed. Fischer, Das achte Buch vom gall. Kriege und das bell. Alex. G. Prg. Passau 1880 p. 4 und Heinr. Schiller ‚Zur Hirtiusfrage' Bl. f. d. bayr. G. W. XVI p. 251 f. Dafs aber auch diese Frist zur faktischen vollständigen Ausarbeitung und Fertigstellung des bell. Al. nicht genügte, wird aus unseren Untersuchungen hervorgehen.

Schwerer wiegend und der Nipperdey'schen Annahme am gefährlichsten waren die Angriffe, die sich auf die thatsächlich bestehenden und nicht wegzuleugnenden Verschiedenheiten zwischen beiden Schriften in bezug auf den einzelnen Ausdruck wie den Satzbau und die ganze Komposition stützten. Nipperdey selbst hatte p. 14 zugegeben, ‚inter hos commentarios differentiam quandam intercedere', aber sie bestehe nur in der Komposition; es zeige nämlich das bell. Al. eine gröfsere ‚facilitas, motus, varietas' und sei ‚venustior magisque perpolitus et alacriore animo' geschrieben, so dafs dieser Kommentar sogar ‚Caesarianis non multo inferior' sei. Aber, wendet Weifsenborn p. 378 mit Recht ein: „Wenn Nipp. auf der anderen Seite von dem VIII. Buche sagt ‚lentitudinem sine motu et, quod maxime reprehendas, sine varietate', so mufs man um so mehr Bedenken tragen, ohne weiteres seiner Ansicht beizupflichten, als die Erklärungsgründe dieser Erscheinung, die N. anführt, kaum ausreichen und es sehr auffallend sein würde, wenn Hirtius gegen seine eigene Angabe Ep. ad Balb. § 8 das, was er selbst gesehen, wobei er thätig gewesen, weniger lebendig und anschaulich dargestellt haben sollte, als das, was er nur von anderen, sei es auch von Caesar selbst, hat erzählen hören." — Dafs aber nicht blofs in der Komposition der ganzen Schrift, sondern auch im einzelnen Ausdruck und vor allem im Periodenbau die augenscheinlichsten Abweichungen zwischen beiden Kommentarien bestehen, haben Vielhaber Zeitschr. f. d. österr. Gymn. XX. Jahrg. S. 547 ff. und E. Fischer in dem erwähnten Programm durch Vorführung einer grofsen Zahl von Beispielen unwiderleglich nachgewiesen. Beide schlossen ihre Untersuchung mit den Worten: „Es ist noch nicht erwiesen, dafs beide Kommentare von demselben Verfasser stammen." Speziell unter dem Gesichtspunkt der militärischen Terminologie deckte jüngst Fröhlich in seinem Aufsatz „Realistisches und Stilistisches zu Caesar und seinen Fortsetzern" (Festschrift des Philol. Kränzchens in Zürich 1887) p. 42 ff. eine stattliche Zahl von auffallenden Divergenzen auf, wie dafs die Wörter pugna, certare, subsidium, signa im militärischen Sinne in Gall. VIII ganz fehlen, dagegen im bell. Alex. sich wiederholt gebraucht finden. Durch solche Nachweise wurde natürlich die bereits zum Glaubenssatz erhobene Ansicht von der Identität der Verfasser der beiden Schriften stark erschüttert, wiewohl trotz aller Verschiedenheiten noch genug Ähnlichkeiten zwischen beiden übrig bleiben, besonders das für Hirtius charakteristische frustra: nam und die sonst so seltene Partikelverbindung non tantum — sed etiam, die auch die Gegner Nipperdeys nicht wegzuräumen vermochten.

Wie sind nun diese rätselhaften Widersprüche zu lösen, wo sollen wir den Schlüssel zu diesem Problem suchen?

In neuerer Zeit sind zwei beachtenswerte Versuche hiezu gemacht worden. Zunächst hat Petersdorff in seinem gegen Nipp. gerichteten Aufsatz Z. f. d. G. W. XXXIV. Jahrg. p. 215 ff. die Ansicht aufgestellt, dafs Hirtius sich für sämtliche Teile seines Werkes Spezialberichte von Augenzeugen habe anfertigen lassen und dieselben mehr oder minder wörtlich, fast unverändert aber das bell. Afr. und Hisp. herübergenommen, oder deutlicher gesagt, abgeschrieben habe. Petersdorff geht in seinem Eifer offenbar zu weit, und Eufsner Burs. Jahresber. XXXV (1883 II) p. 136 ff. hat sich dagegen sehr scharf ausgesprochen. Andrerseits lag seinen Erörterungen der richtige Gedanke zu grunde, dafs Hirtius für die Feldzüge, die er nicht selbst mitgemacht hatte, fremde Vorarbeiten benützen mufste, und dafs die thatsächlich vorhandenen Verschiedenheiten im sprachlichen Ausdruck auf diese seine Quellen zurückzuführen seien. Hätte Pet. diesen Gesichtspunkt nur auf das bell. Alex. angewendet, so hätte ihm eine genaue Analyse und Vergleichung des Sprachgebrauches der einzelnen Bestandteile dieses Kommentars die Richtigkeit desselben wenigstens für den alexandrinischen Feldzug (c. 1—33) und die spanischen Unruhen (c. 48—64) bestätigt. Aber dadurch, dafs er aus den Perfectis contexui und confeci, die Hirtius in der Epist. ad Balbum gebraucht, notwendig schliefsen zu müssen glaubte, dafs Hirtius dieselben nur erst nach Vollendung sämtlicher Supplemente gebrauchen konnte, wurde er gezwungen, seine Quellentheorie auch auf das bell. Afr. und Hisp. auszudehnen, die doch offenbar in durchaus keinem Zusammenhang mit dem bell. Alex. stehen und nach Anlage und Schreibart total von der hirtianischen Diktion verschieden sind, und dadurch ist seine ganze Aufstellung schief geworden.

Es ist das Verdienst Schillers in seinem sehr lesenswerten Aufsatz „Zur Hirtiusfrage" die Mängel der Petersdorff'schen Hypothese beleuchtet und ihre Anwendung auf die beiden letzten Supplemente durch innere und äufsere Gründe zurückgewiesen zu haben. Schillers eigene Aufstellungen beweisen, dafs er sich eingehend mit der ganzen Frage beschäftigt und auf dem richtigen Wege zur Lösung derselben befunden habe. Dieselben sind für unsere weiteren Erörterungen so wichtig, dafs wir sie mit seinen eigenen Worten hieher setzen: „Eine nähere Untersuchung des bell.

Al. hat mich zu dem Resultate geführt, dafs nicht nur zwischen Gall. VIII und Al. im allgemeinen manche Verschiedenheiten bestehen, sondern auch zwischen den fünf Abschnitten von Al. selbst. Dafs aber diese Verschiedenheiten ihren Grund hätten in der starken Benutzung fremder Berichte, habe ich geschlossen teils aus dem Umstande, dafs eine Betrachtung der verschiedenen Abschnitte von Al. in bezug auf ihr zeitliches Nebeneinander für einen einzelnen die Teilnahme an nur je zwei der fünf Partien möglich, mithin die Benutzung fremder Aufzeichnungen für die übrigen geradezu notwendig erscheinen läfst, teils aus der verschiedenen Färbung der einzelnen Partien und dem Hervortreten der hirtianischen Eigentümlichkeiten, besonders in den zusammenfassenden und überleitenden capp. Es will mir scheinen, dafs H., wo er Quellen benutzte, die Berichte anderer zu seinem Gebrauch zurichtete, dieselben bald etwa mit Zusätzen versehend, bald Streichungen und Korrekturen vornehmend, dafs er also seine Quellen überarbeitete, nicht aber eigentlich verarbeitete; ferner, dafs er neben dieser Überarbeitung sein Augenmerk besonders auf die Zusammenfügung der einzelnen Abschnitte zu einem Ganzen, und wiederum des Kommentars selbst mit dem Ganzen, von dem er einen Teil bilden sollte, richtete" (p. 248 f.).

Des weiteren nimmt Schiller — wie schon oben erwähnt — an, dafs Hirtius Gall. VIII im Sommer 44 geschrieben (was um so weniger auffallend sei, als er hiefür nahezu keine Vorarbeiten nötig hatte), und im November, nachdem er sich von der Krankheit, die ihn unterdes niedergeworfen hatte, wieder erholte, vielleicht zum Zeitvertreib, die Arbeit wieder aufgenommen habe. Jetzt wäre Gall. VIII, wenn nötig, abgeschlossen und samt der Vorrede ediert (auch Eufsner l. l. p. 139 nimmt die Publikation oder Abfassung der Praefatio nach Vollendung des achten Buches an, wodurch sich die Perfekta hinlänglich erklären; meines Erachtens spricht dafür besonders der Ausdruck § 3 ‚qui me mediis interposuerim Caesaris scriptis', die er nur nach Vollendung des VIII. Buches geschrieben haben kann, denn gerade dieses und nur dieses steht in der Mitte zwischen Caesars bell. Gall. und civ.), hierauf noch bell. Al. abgefafst worden, da inzwischen die fremden Hilfsarbeiten fertig sein konnten. Ob dann die Edition in seiner Abwesenheit oder erst nach seinem Tode erfolgt sei, läfst er dahingestellt (p. 252).

Was hier Schiller über die Art der Komposition des bell. Al. als Vermutung ausspricht, hat durch meine Untersuchungen in den Hauptpunkten seine Bestätigung gefunden — für einzelne Teile; für andere liegt, wie wir sehen werden, die Sache etwas anders. Ich bin sogar in der glücklichen Lage, den Mann nennen zu können, der dem Hirtius das Material für einen Teil des bell. Al. geliefert, ihm sein Tagebuch über den afrikanischen Feldzug zur Verfügung gestellt und nach des Hirtius Tode als nächster Interessent und Freund Caesars das Werk, wenn auch nicht in strenger Durchführung des hirtianischen Prospektes, so doch wenigstens im Rahmen desselben zum Abschlufs gebracht hat — es ist der berühmte Redner, Dichter und Geschichtschreiber **C. Asinius Pollio.**

Bis jetzt hat ihn die Litteraturgeschichte nur als scharfen Kritiker mit den Kommentarien Caesars in Verbindung gebracht. In demselben Kapitel, in welchem Sueton über die Autorschaft der Supplemente spricht und die Stelle aus des Hirtius Epistula ad Balbum aushebt, in welcher derselbe seiner Bewunderung über die Eleganz und Leichtigkeit, mit der Caesar seine Kommentarien geschrieben, Ausdruck giebt, fügt er in schneidendem Gegensatz dazu das scharfe Urteil des Asinius Pollio bei: „Pollio Asinius parum diligenter parumque integra veritate compositos putat [commentarios Caesaris], cum Caesar pleraque et quae per alios erant gesta, temere crediderit et quae per se, vel consulto vel etiam memoria lapsus perperam ediderit, existimatque rescripturum et correcturum fuisse." Wie nun? Im bell. Gall. VIII, 23, 3 bis Schlufs und in den damit im engen Zusammenhang stehenden Kapiteln 47 und 48, 1—9 wird uns ein Vorfall erzählt, den Caesar für gut befunden hatte consulto mit Stillschweigen zu übergehen, der gehörige

Ort wäre VII, 75 und 76 gewesen. Es handelt sich dort um die projektierte meuchlerische Ermordung eines gefährlichen Feindes, des Atrebaten Commius. Wer hat es für nötig gehalten, diese „Berichtigung" als Nachtrag im achten Buche zu bringen? Nicht Hirtius — denn wie unten des näheren nachgewiesen werden wird, ist die Ausdrucksweise dieser Kapitel eine ihm fremde — sondern der geradsinnige Asinius Pollio war es, dem es wider den Mann ging, die Wahrheit wissentlich zu unterdrücken.

Doch, wenn unsere gewifs vielen überraschend kommende Behauptung von der das hirtianische Werk ergänzenden und abschliefsenden Redaktionsthätigkeit des Pollio nur auf jene bei Sueton erwähnte Kritik desselben gebaut wäre, so würde sie auf schwachen Füfsen ruhen und nichts mehr und nichts weniger sein als eine neue Hypothese zur Lösung der bestehenden Widersprüche und Zweifel. Wir vermögen aber diese unsere Ansicht durch stichhaltige und beweiskräftige Argumente zu stützen. Kann diese ganze Kontroverse nur durch minutiöse und feinfühlige Beobachtung des verschiedenen Sprachgebrauches der einzelnen Supplemente und ihrer Bestandteile erfolgreich gelöst werden — und darin sind alle seit Nipperdey einig — so ist die Aufstellung jeder neuen Persönlichkeit solange jedes sicheren Untergrundes baar, als man nicht in der Lage ist, authentische schriftstellerische Erzeugnisse derselben zur Vergleichung mit den in Frage gestellten Supplementen heranzuziehen. Nun aber besitzen wir aufser einigen Fragmenten von Reden (bei H. Meyer, orat. Rom. fragm. p. 329 ff.), einem gröfseren historischen Stücke bei dem Rhetor Seneca Suas. 6, 24 (Epilog auf Cicero) und einigen Anführungen bei Grammatikern (in Thorbecke's grundlegender Commentatio de C. Asinii Pollionis vita et studiis doctrinae Leyden 1820 p. 79 ff. zusammengestellt) von Asinius Pollio drei ziemlich grofse Briefe, die er während seines Aufenthaltes als Statthalter von Hispania ulterior in den Monaten April, Juni und Juli des Jahres 43 an Cicero geschrieben hat, ep. fam. 10, 31. 32. 33 (in der grofsen Züricher Ausgabe vier volle Seiten). Aus diesen Briefen im Zusammenhalt mit den genannten Frag-

menten tritt uns eine scharf prononcierte, kurzweg hier als
archaisch poetisierend bezeichnete Sprachweise entgegen, die sich wiederum mit den von den Alten über ihn selbst gefällten und weiter unten näher anzuführenden Urteilen vollständig deckt. Wir gewinnen durch diese entschieden ausgeprägte schriftstellerische Eigenart des Asinius Pollio untrügliche Kriterien zur Feststellung und Reklamierung seines im Corpus Caesarianum enthaltenen Spracheigentums. Von welchem Einfluſs diese poetisierende Sprache des Dichter-Historikers auf die ihm nachfolgende Historiographie war, hat bereits Schmalz in seiner trefflichen Analyse der pollionischen Briefe, Karlsruher Festschrift 1882 p. 76—101 gezeigt — Livius, Velleius, Tacitus, Plinius sind in seinen Bahnen gewandelt. Die Vorliebe für das Archaische, die in dem Tagebuch des jungen Mannes über den afrikanischen Krieg untermischt mit Vulgärem, noch zu stark aufgetragen erscheint, ist in dem einige Jahre später ausgearbeiteten und dem Hirtius überschickten Beitrage zum bell. Alex. (cap. 48—64) bereits in jene Schranken eingedämmt, in denen sie uns in den formgewandten Briefen in bewuſster, aber nicht übertriebener Weise entgegentritt. Wir behaupten demnach:

1. In dem unter dem Titel Bellum Africanum oder Africae (vgl. hierüber Fröhlich p. 6 f.) erhaltenen Supplement haben wir das Tagebuch des Asinius Pollio zu erblicken, der den Krieg selbst mitgemacht hatte. Auf die Aufforderung des Hirtius, ihm einen Bericht über die spanischen Unruhen und den afrikanischen Krieg zu liefern, hatte er ihm dasselbe zur beliebigen Benutzung eingeschickt.

2. Hirtius wendete sich mit der Bitte um einen Bericht über die Vorfälle in Spanien während der Jahre 48/47 v. Chr. deswegen an Asinius Pollio, weil dieser als ein Nachfolger des Qu. Cassius Longinus, der jene Wirren hervorgerufen, vom Jahre 45 an Statthalter von Hispania ulterior und als solcher am besten in der Lage war, ihm genaue Auskunft über jene Ereignisse zu geben. Asinius befand sich noch in seiner Provinz, als er die Nachricht vom Tode des Hirtius erhielt (ep. 10, 33). Den ihm von Pollio eingesandten Bericht verleibte Hirtius seinem Kommentare ein

(cap. 48—64), ohne eingreifende — aber doch erkennbare — Änderungen vorzunehmen, die er vielleicht der abschliefsenden Bearbeitung vorbehielt.

3. Als Pollio, in dessen Interesse es doch gewifs zunächst lag, über den Verbleib seiner dem Hirtius überlassenen Papiere Erkundigungen einzuziehen, den schriftstellerischen Nachlafs des Hirtius einsah, fand er das VIII. Buch des gallischen Krieges, das H. bereits mit der Ziffer VIII als fortlaufenden und die Kommentarien de bell. Gall. beschliefsenden Teil bezeichnet hatte, in nahezu vollendetem Zustande vor. Er gestattete sich nur in einzelnen Kapiteln einige ihm nötig scheinende kleinere Zusätze, wie cap. 2 § 2, cap. 34 § 2. Neu eingelegt sind die Kapp. 23. 47. 48, 1—9 (die Commius-Affaire) und die Schlufskapitel 53. 54. 55, mit denen er die Brücke zum bellum civile bildete.

4. Das bellum civile befand sich gleichfalls noch unediert im Nachlasse des Hirtius, und wollte es Hirtius zugleich mit dem von ihm zu vollendenden Fortsetzungen herausgeben. Das letzte Buch de bello civili war unvollständig geblieben und es fanden sich nur noch bald gröfsere bald kleinere Abschnitte und Aufzeichnungen über die Ereignisse in Alexandria von Caesars Hand geschrieben vor. Hirtius begann zunächst die Ausarbeitung des bellum Alex. im engeren Sinne (capp. 1—33) mit den Worten „Bello Alexandrino conflato" und begnügte sich in den ersten Kapiteln mit dürren Ausführungen und Bekleidungen der cäsarianischen Notizen. Was diese Aufzeichnungen selbst anlangt, so erscheinen sie in dem uns überlieferten Kommentare teilweise in kurzer fragmentarisch hingeworfener Form (so in cap. 1. 2. 3. 6. 7. 9. 11. 12. 16. 21. 32), die von Hirtius und Pollio zu Anfang oder zu Ende erweitert und ergänzt wurden, teilweise als resumierende Bruchstücke, wie die von Reden in cap. 8 u. 12, zum gröfseren Teile aber sind es vollständig ausgeführte Abschnitte wie die capp. 10. 13. 14. 15. 17. 18. 19. 20.

Diese Partien heben sich durch die lebendigere Darstellung und den kurzen, gedrungenen Stil vorteilhaft von den langgezogenen, matten, eintönigen Perioden des Hirtius ab. Am besten empfindet man diesen Unterschied in den Kapiteln, in welchen Cäsarianisches und Hirtianisches verschmolzen ist. Ganz hirtianisch sind die Kapp. 22. 23. 25. 29. 31. 33, geringe pollionische Eingriffe zeigen die Kapp. 24. 26. 27. Überhaupt zeigt sich die vervollständigende Thätigkeit Pollios mehr in der ersten Hälfte: ganz oder gröfstenteils sind von ihm cap. 4. 5. 6. 7. 30; mehr oder minder beträchtlich sind seine Einschaltungen in den Kapp. 1. 3. 11. 14. 18. 28. — Obwohl nun Hirtius in seiner Epist. ad Balb. § 1 schrieb (also wahrscheinlich nach Vollendung des 8. Buches) ‚novissimumque imperfectum ab rebus gestis Alexandriae confeci', so kam er doch faktisch nicht mehr dazu, die überleitenden Schlufskapitel (108—112) des 3. Buches de bell. civ., die Caesar fragmentarisch hinterlassen hatte, zu vervollständigen. Auch dieser Aufgabe unterzog sich Asinius Pollio.

5. Von dem zweiten Bestandteil des hirtianischen Torsos, dem bellum Ponticum capp. 34—41, fand Pollio nur das Anfangs- und die beiden Schlufskapitel ausgearbeitet vor, aufserdem zwei kleine Bruchstücke cap. 36 § 3 und den Schlufssatz von cap. 39, mit andern Worten: Die Einleitung, eine Notiz über die Ankunft am Schlachtorte (36,3), den Schlachtbericht c. 40 und den Schlufs c. 41 — also das regelrechte Brouillon. Das Übrige, den Bericht über die Gesandtschaften und die Aufstellung der beiden feindlichen Schlachtlinien, hat Pollio ergänzt.

6. Dagegen die Schilderung der illyrischen Ereignisse (cap. 42—47) und des Krieges gegen Pharnaces (cap. 65—76) hatte Hirtius nahezu völlig fertig gestellt. Wie natürlich hatte er sich der Ausarbeitung der Begebenheiten, denen er teils näher stand (er war zur Zeit der ersteren in Achaia, vgl. Nipperdey Quaest. p. 10), teils selbst beigewohnt hatte (vgl. Cic. ep. Att. 11, 20, 1), zuerst zugewandt. Auch den Abschlufs des ganzen Kommentars, die Kapp. 77 und 78, hatte er noch gefertigt. So ist also der von Hirtius bei seinem Tode hinterlassene Kommentar ein in seinen ersten Teilen (cap. 1—41) ziemlich unvollständiges Bruchstück gewesen. Hätte H. denselben in ähnlich fertigem Zu-

stand wie das VIII. Buch de bell. Gall. hinterlassen, so würde er ihm jedenfalls in gleicher Weise die fortlaufende Nummer als commentarius quartus de bello civili gegeben haben. Dafs dies nicht geschehen ist, beweist uns eben indirekt, dafs die Verbindung zwischen dem dritten Buche de bell. civili und dem Anfang des vierten, also des bell. Al., von H. nicht mehr hergestellt wurde oder vielmehr werden konnte, und diese Aufgabe dem A. Pollio vorbehalten blieb, der ja auch das achte Buch de bell. Gall. erst zum unmittelbaren Anschlufs an den Beginn des bellum civile brachte.

7. Ob Pollio das bellum Hispaniense in der Form, wie es uns in den Handschriften überliefert ist, gleichfalls im Nachlasse des Hirtius vorfand oder ob es erst später dem Corpus Caesarianum einverleibt wurde, kann ich nicht entscheiden. Jedenfalls steht es nach Komposition und Sprache tief unter dem bell. Africanum. Übrigens hatte Hirtius nicht nötig sich hiefür eine fremde Vorarbeit zu verschaffen, da er den Krieg ja selbst mitgemacht hatte (vgl. Nipperdey p. 10 f.) und deswegen auch in der Epistula § 8 nur sagt: „Mihi ne illud quidem accidit, ut Alexandrino atque Africano bello interessem.' Es ist also anzunehmen, dafs H., wenn es ihm beschieden gewesen wäre, seinen ganzen Plan zur Ausführung zu bringen, das bellum Hispaniense selbständig bearbeitet hätte, geradeso wie das VIII. Buch de bell. Gall. oder den Krieg gegen Pharnaces.

Obwohl die Nachweise zu den eben im Umrisse mitgeteilten Resultaten meiner Untersuchung erst im zweiten Teile gegeben werden, so dürfte doch schon diese Skizze meiner Ansicht über die eigentümlichen Schicksale des cäsarisch-hirtianischen Nachlasses durch die einfache und so natürliche Annahme der Fortsetzung und Vollendung des angefangenen Werkes durch Asinius Pollio, der in nahen, freundschaftlichen Beziehungen zu Caesar und zu Hirtius wie zu dessen letztem Werke stand und zugleich wie nur irgend einer das Zeug zu einer so schwierigen Arbeit hatte, den Glauben an der faktischen Richtigkeit des von mir dargestellten Sachverhaltes erweckt haben. Kommt nicht jetzt schon wie mit einem Schlage Licht in so manches Dunkel? Warum steht bell. Al. 3, 1 und 19, 6 a nobis, das Nipperdey und seine Anhänger dem Hirtius zu Liebe in a nostris geändert haben? Die einfache Antwort lautet, weil zu den beiden Kapiteln cäsarianische Aufzeichnungen vorlagen, die Hirtius in der Eile — denn in gedrängter Zeit schrieb er — ohne Korrektur herübernahm. — Warum zeigt sich in verschiedenen Abschnitten des bell. Al. eine gröfsere alacritas, facilitas, varietas? warum treten plötzlich an die Stelle der langatmigen hirtianischen Perioden kurze, durchsichtige koordinierte Sätze? — nicht weil Hirtius in den deklamatorischen Vorträgen bei Cicero auf einmal über Nacht binnen wenigen Wochen so ganz anders geworden ist (s. hierüber unten), sondern weil die betreffenden Partien aus der Feder eines Caesar oder Asinius Pollio geflossen sind. Andererseits kann es jetzt kein Befremden mehr erregen, dafs Hirtius trotz der ihm vom Schicksal so kärglich zubemessenen Zeit an den beiden Supplementen gearbeitet und das eine nahezu zum Abschlufs gebracht hat, da das von ihm während dieser Zeit Fertiggestellte nur solche Ereignisse enthielt, deren Schilderung — weil gröfstenteils Selbsterlebtes — ihm rasch von der Feder ging; das übrige war — wie wir sahen — nur im Rohbau fertig oder ging auf cäsarianische oder pollionische Vorarbeit zurück. Aber eben weil das bell. Al. nur ein Torso war, als Hirtius vom Tode überrascht wurde, müssen wir in dem Beurteilen und ev. Verurteilen dieser seiner letzten schriftstellerischen Leistung sehr vorsichtig sein. Wir dürfen nicht, wie Petersdorff, den Ruhm und das Andenken eines Mannes, der durch andere Schriften sich litterarisch einen Namen gemacht hat (die Anticatones!), der als Konsul tapfer kämpfend vor dem Feinde gefallen, dadurch beeinträchtigen, dafs wir ihn als einen gewissenlosen Abschreiber des cäsarianischen und pollionischen Materials hinstellen. Müssen wir nicht vielmehr annehmen, dafs er die selbständige und einheitliche Ausarbeitung jener Partien wie des ganzen Kommentars einer späteren, ruhigeren Zeit vorbehalten hat und einstweilen nur die Umrisse derselben geben wollte? Das bell. Africanum vollends war noch gar nicht in Angriff genommen, und dafs ein tagebuchartiger Bericht über dasselbe nicht die Form gewesen wäre, in der es H. in den Rahmen seiner zusammenhängenden Darstellung der Feldzüge Caesars aufgenommen hätte, liegt wohl auf der Hand. Ohne Zweifel hätte er auch dem Asinius Pollio, dessen wertvolle Aufzeichnungen er diesem Teile zu grunde legen wollte, eine ehrenvolle Erwähnung gewidmet, wozu bei verschiedenen Anlässen Gelegenheit geboten war (s. unten). Wie kommt es aber, dafs Asinius Pollio sich nicht als denjenigen nannte, der den hirtianischen Nachlafs geordnet und ergänzt herausgab oder zum wenigsten sich als Autor des bell. Africanum bekannte? Die Gründe, die ihn dazu bestimmten, sind unschwer einzusehen. Das Werk, das er herausgab — ich habe hiebei zunächst nur das bell. Al. im Auge —, war ja nicht das seinige und war, wenn auch nicht in allen Teilen, so doch in den Schlufspartien von cap. 42 an fertig, als er sich entschlofs, es gar völlig editionsfähig zu machen. Es total umzuarbeiten und ein eigenes Opus daraus zu machen, hatte er in jener sturmbewegten Zeit wohl weder die Mufse noch auch Lust, zumal er sich gewifs damals schon mit dem Gedanken trug, eine eigene historische Monographie über die Bürgerkriege zu verabfassen, eine Schrift, die uns leider nicht erhalten ist, aber bei den Alten in gröfstem Ansehen stand. Was blieb ihm also, wenn er das hinterlassene Werk des Hirtius, zwar nicht nach dessen ursprünglichem Plane als eine in sich zusammenhängende Geschichte des cäsarisch-pompejanischen Bürgerkrieges herausgeben, aber doch überhaupt lebensfähig machen wollte, anders übrig, als die beiden noch lückenhaften Schriften Gall. VIII und bell. Al. zu vervollständigen, in Konnex mit dem Anfang und Schlufs des cäsarianischen bellum civile zu bringen und den Separatbericht über den afrikanischen Krieg und vielleicht auch den über den spanischen Krieg zugleich mit dem Ganzen der Öffentlichkeit zu übergeben, so dafs doch wenigstens das in dem Prospekt von Hirtius angekündigte Unternehmen dem dort geplanten Umfange nach zur Ausgabe gelangte? Dazu müssen wir bedenken, dafs das Tagebuch des As. Pollio über den afrik.

Krieg, das er dem Hirtius zur Benützung überliefs, von vornherein nicht in dieser Form zur Veröffentlichung bestimmt war. Wenn er nun auch jetzt vor der Ausgabe des Ganzen nichts that, um der Schrift einen mehr kunstmäfsigen Anstrich zu geben, so kann er dies nur in der bestimmten Absicht gethan haben eben durch die Beibehaltung jener mehr rohen Form alle sich etwa an seine Person knüpfenden Vermutungen abzulenken. Dem Asinius Pollio lag nichts daran, dieses Opus als das s e i n e zu publizieren und deswegen vermeidet er jede Erwähnung seiner Person, obwohl er, wie wir aus Plutarch Caesar 52 wissen, rühmlichen Anteil an dem Feldzuge genommen hat. Ging er doch in der Selbstverleugnung soweit, dafs er in den ebenfalls noch der Edition harrenden Büchern Caesars de bello civili, falls er, wie wir berechtigt sind anzunehmen, zum wenigsten bei der Erzählung der Schlacht bei Pharsalus, an der er als Befehlshaber teilnahm (Appian b. c. II, 82; Sueton. Caes. 30), genannt war, auch hier den betreffenden Passus tilgte. Auch bei Gelegenheit der eingehenden Schilderung der Schlacht am Bagradas, wo er zu den wenigen gehörte, die sich durch Flucht retteten (vgl. Appian l. l. c. 45), finden wir seiner nicht Erwähnung gethan, obwohl und vielleicht gerade weil dem betreffenden Bericht b. c. II, 23—44 höchst wahrscheinlich Pollios eigene dem Caesar gemachte Angaben zu grunde lagen; mehr darüber unten. Soviel steht fest, dafs des Asinius Pollio weder in den uns erhaltenen Kommentarien de bell. civ. noch in seinem eigenen Tagebuch, wo doch sonst mit der Aufzählung von Namen nicht gekargt wird, noch in den übrigen Supplementen an irgend einer Stelle Erwähnung geschieht, obgleich er zu den intimsten Freunden Caesars gehörte und wiederholt bei wichtigen der Erwähnung werten Situationen eine Rolle spielte; vgl. auch die Erzählung der Szene vor dem Übergang über den Rubico bei Plutarch Caes. c. 32. Sollen wir dieses völlige Stillschweigen und Verschweigen seines Namens für Zufall halten? Sind nicht die Namen anderer vertrauter Freunde Caesars bei gleich- und minderwertigen Anlässen genannt, wie des L. Munatius Plancus wiederholt? Drängen nicht alle diese Betrachtungen zu der

Annahme, dafs Asinius Pollio, nachdem er die Ordnung und Herausgabe der von Caesar und Hirtius hinterlassenen Kommentare übernommen, vor der Welt seine Person in gar keinem Zusammenhang mit diesem Geschäfte gebracht sehen wollte und deswegen jeden Hinweis auf seine Person in denselben verwischte?

So gelangte das hirtianisch-pollionische Werk anonym zur Publikation. In den Kreisen, die von dem Vorhaben des Hirtius wufsten, mochte wohl Hirtius als Verfasser wenigstens von bell. Gall. VIII gelten. Dafs man aber bezüglich der übrigen Supplemente schon in verhältnismäfsig früher Zeit Zweifel über die Autorschaft des Hirtius hegte, die teils durch seinen frühen Tod, teils durch die Form, in welcher dieselben zur Publikation gelangten und die doch nicht mit dem in der Vorrede entwickelten Plane stimmte, hervorgerufen wurden, sehen wir an den oben zitierten Worten Suetons, in denen nur das VIII. Buch dem Hirtius zugeschrieben, dagegen es für die übrigen Supplemente unentschieden gelassen wird, ob H. oder Oppius ihr Verfasser sei. Und so ist denn die Mitwirkung des Asinius Pollio an jenen Supplementen bis auf den heutigen Tag unaufgedeckt geblieben. Meine Pflicht aber, der ich diese für die Litteraturgeschichte, wie für die Würdigung jenes hochangesehenen Mannes wichtige Entdeckung gemacht habe, ist es, den wissenschaftlichen überzeugenden Nachweis hiefür zu erbringen. Und dies soll im zweiten Teile geschehen.

B.

Spezieller Teil.

Nachweise.

I. Das Bellum Africanum.

Das Bellum Africanum hat bereits sprachlich und historisch behandelt Franz Froehlich in seiner Züricher Dissertation 1872 und eine erneute und vervollständigte Analyse seiner Sprache hat Al. Köhler in den Act. Erlang. I 377 ff. gegeben. Es kann nach diesen Vorarbeiten nicht unsere Absicht sein, uns über die Komposition und Latinität dieses interessanten Schriftstückes an diesem Orte ausführlich zu verbreiten. Vielmehr haben wir das bell. Afr. nur von dem Gesichtspunkt aus in unsere eigentlich der Autorschaft und der Komposition des bell. Alex. geltenden Untersuchung hereinzuziehen, als wir die These aufgestellt haben, dafs C. Asinius Pollio der Verfasser desselben sei. Es wird sich also in diesem Abschnitt vor allem darum handeln, aus einer Vergleichung der Sprache des bell. Afr. mit den erhaltenen Briefen und anderen Fragmenten des Asinius Pollio die Autorschaft desselben für das b. Afr. zu erweisen.

Die Latinität des bell. Africanum ist seit Nipperdeys mehr skizzenhafter Charakteristik (quaest. p. 15—24) und noch mehr seit den sprachlichen Untersuchungen von Fröhlich p. 17 ff. und Köhler l. l. in ziemlichen Mifskredit gekommen. Man hat sich seit der Zeit geradezu daran gewöhnt, in der Sprache desselben das getreue Abbild des sermo vulgaris zu sehen und daraus den Schlufs gezogen, dafs der Verf. desselben „zwar Offizier, aber auf keinen Fall von hohem Rang gewesen sei" (Fröhlich p. 17). Ganz anders lautete das Urteil der älteren Gelehrten, und wenn es auch in seiner Art ebenfalls in etwas über das Ziel hinausschiefst, so kommt es doch in Wirklichkeit der Wahrheit näher, als jenes der neueren. So schreibt z. B. Lipsius, selbst ein Liebhaber des archaischen Latein wie Asinius Pollio: „Inter libellos qui adiuncti Commentariis Julianis, unus est de bello Africano, qui me iudice non inter illos tantum eminet, sed inter pleraque Romana scripta. Ita tersa in eo et ad comicum morem pura dictio: simplex, cohaerens et candida narratio, nihil quaesiti coloris aut fuci: omnia denique illo ipso Caesare digniora — non tenebo veram vocem — quam Commentarii illi qui feruntur" (Electorum libro II c. 22); ähnlich spricht sich Davisius aus, cf. Kraners praef. der Tauchn. Ausg. p. 36. Jeder der unbefangenen Urteils und auf die archaisierende Manier des Verfassers eingehend das bell. Afr. liest, wird die klare, einfache, verständliche, in kurzen Sätzen, nicht langatmigen Perioden sich bewegende Diktion dieses Schriftstückes anerkennen müssen. Am wohlthuendsten empfindet man diesen Eindruck, wenn man unmittelbar auf das geschraubte, matte, in verquickten und verzwickten Perioden sich hinziehende Latein des Hirtius das bell. Afr. liest. Sehen wir zunächst von den Spracherscheinungen ab, die von Nipperdey und den Neueren als vulgär oder der Umgangssprache angehörig bezeichnet werden, so erregt es vor allem Befremden, dafs neben der entschiedenen Neigung des Autors für das archaische Latein sich doch auch wieder Vieles findet, was erst den Dichtern und Prosaikern der augusteischen Zeit angehört. So sagt Nipperdey „maximam partem antiquiora et huius aetatis antiquariis usurpata, partim apud scriptores paulo recentiores demum legimus." Als archaisch hebt er z. B. aus suppetias ire, tristimonia, cuiusque modi genera, sauciis decem factis, signa in hostem coepere inferri, insectatus passivisch u. s. w. — alles Spracherscheinungen, die sich bei Cato, Varro, den Dichtern der Komödie und Tragödie, und auch bei dem altertümelnden Sallust wieder finden. Hinwiederum ist die im bell. Afr. begegnende Korresponsion que—et poetisch und nachklassisch. Andererseits macht Fröhlich auf die für einen Historiker viel zu häufige Verwendung von synonymen Substantiven, Adjektiven etc. aufmerksam und fügt hinzu „es mahnt diese Erscheinung sehr an die Redner, deren Wortfülle zum gröfseren Teil in Anwendung von Synonymen besteht." Auf welchen Römer jener Zeit pafst dies alles vortrefflicher als auf C. Asinius Pollio? Pollio war Tragödiendichter (vgl. Thorbecke p. 124 ff.) und Redner in einer Person. Schon im Alter von 21 Jahren a. 54 klagte er den C. Porcius Cato, einen Verwandten des M. Cato Uticensis und Anhänger des Pompeius (s. über den Prozefs Thorbecke p 65 ff.) in einer Rede an, die, wie Tacitus dial. de orat cap. 34 fin. sagt, noch zu seiner Zeit mit Bewunderung gelesen wurde. Berühmt war auch seine Verteidigungsrede des wegen Giftmordes angeklagten Nonius Asprenas, wahrscheinlich desselben Mannes, der im bell. Afr. 80, 4 als Prokonsul und Befehlshaber erwähnt wird; die freundschaftlichen Beziehungen zwischen Pollio und Asprenas gehen also bereits auf jene Zeit zurück (cf. Thorbecke p. 69 ff.)! Im Dialogus de orat. finden wir cap. 21 folgendes treffende Urteil über Pollios Diktion: Asinius Pollio quamquam propioribus temporibus natus sit, videtur mihi inter Menenios et Appios studuisse, Pacuvium certe et Accium non solum tragoediis sed etiam orationibus suis expressit; adeo durus et siccus est: womit sich vollständig deckt die Kritik Quintilians 10, 1, 113 a nitore et iucunditate Ciceronis ita longe abest, ut videri possit saeculo prior. Also des Asinius Pollio Sprache war „um ein Jahrhundert zurück"! gibt das nicht einen vorzüglichen Kommentar zu Nipperdeys oben erwähnten Worten? Von den alten Dichtern waren ihm die liebsten Pacuvius und Accius, von den Prosaikern, wie Schmalz p. 77 richtig aus der Erzählung bei Plin. H.N. VII, 30 schliefst, M. Terentius Varro, er der von sich sagt de ling. Lat. V § 9 poëticis multis verbis magis delector quam utor, antiquis magis utor quam delector. So fassen wir denn unser Gesamturteil mit Schmalz p. 79 in die Worte zusammen: „Wir finden in der Sprache des Pollio die Frucht eingehenden Studiums der alten Redner und Dichter, entschiedene Neigung zu poetischem Rythmus und Ausdruck, bewufste Opposition gegen die Sprache Ciceros mit Anklängen an die harte Diktion Varros, absichtlich angebrachte Vulgarismen, überhaupt aber das Vorbild der nachfolgenden Historiker und die nahe Verwandte der augusteischen Dichter." — Dafs die Latinität des bell. Afr. diesem aus eingehendster Betrachtung der erhaltenen sprachlichen Reste des Asinius Pollio gezogenen Urteil vollkommen entspricht, werden wir unten im einzelnen zeigen. Zuvor aber müssen wir einiges über die äufseren Umstände und die Lebensverhältnisse sagen, unter denen der Autor des b. Afr. seine Schrift niedergeschrieben, da diese ein nicht unwesentliches Moment zur unparteiischen Würdigung derselben bilden.

Unter den Verschiedenheiten des bell. Afr. von dem bell. Al. heben Nipperdey, Fröhlich und Eufsner, abgesehen von den sprachlichen, besonders folgende die Komposition betreffende hervor: Das bell. Afr. erzählt die Fakta ungleich ausführlicher und nicht nach dem inneren Zusammenhange, sondern wie ein Tagebuch nach der Zeitfolge und zwar mit minutiösem Detail besonders in Personalien, Angaben der Tage, der Stunden, der Zahl der Schritte u. s. w. (Belege s. bei Nipp. p. 15, Fröbl. p. 11 ff.). Aus diesen Details kann mit Sicherheit angenommen werden, dafs der Verf. selbst am Kriege teilgenommen (Fr. p. 12). Was seinen politischen Standpunkt anlangt, so trägt er eine scharf accentuierte Feindschaft gegen die Pompejaner zur Schau, doch ist es ein Beweis von einer trotzdem unentwegt an der Wahrheit festhaltenden Sinnesart, dafs er dem Heldenmut des freiwillig in den Tod gehenden Cato seine unumwundene Bewunderung zollte; wie ganz anders Caesar und Hirtius in ihren Anticatones! (Fr. p. 82. 83).*) So erkennt denn auch Fr. p. 82 an, dafs absichtliche Fälschung dem Verfasser fremd ist und dafs Gerechtigkeit auch den Gegnern zu teil wird, wie sie es verdienen. „Denn abgesehen von der taktvollen Behandlung Catos (87. 88) findet die Tapferkeit und Treue der gallisch-germanischen Reiterei des Labienus ihre volle Anerkennung (40), und wird die Über-

---

*) Vgl. Horaz in der Ode an Pollio (!) II, 1, 21 Audire magnos iam videor duces... Et cuncta terrarum subacta Praeter atrocem animum Catonis.

legenheit der Feinde an Reiterei und Leichtbewaffneten und die zeitweise bedrängte Lage Caesars offen eingestanden" (24. 71. 72). Und während Fr. den Verfasser des bell. Afr. wegen seiner volkstümlichen Sprache unter den Offizieren niederer Chargen sucht, muſs er doch S. 13 eingestehen, daſs demselben „ein gewisser Grad von Bildung durchaus nicht abgesprochen werden kann." Man sieht schon jetzt, wie das festgewurzelte Vorurteil über des Verfassers schlechte Latinität den Ausgangspunkt für alle möglichen Bemängelungen der Schrift und ihres Autors bildet und so einer gerechten und objektiven Würdigung im Wege steht. Nehmen wir aber nun an, daſs das Schriftchen von Haus aus das Tagebuch eines den Feldzug mitmachenden Militärs ist, das heute hier, morgen dort zur raschen Aufzeichnung des Vorgefallenen hervorgeholt wird; daſs dem Schreiber eines Tagebuches an und für sich geringe Vorkommnisse des Tages und die daran beteiligten Personen naturgemäſs wichtiger erscheinen als dem Historiker, der das abgeschlossene Bild vor sich hat und demnach auch die Bedeutung des einzelnen Faktums und der mitwirkenden Persönlichkeiten besser zu schätzen versteht — so erklären sich, meine ich, die an dem Buche gerügten Mängel der Darstellung vollkommen. So die „mechanische Befolgung der Zeitordnung" — ein Tagebuch entsteht eben mit dem Tag und jeder Tag hat seine abgeschlossene Geschichte für sich, daher die Setzung des Tages am Anfang oder Schluſs des betreffenden Abschnittes (1, 1. 2, 4. 6, 6. 9, 1. 10, 4 u. s. w.) — und das dadurch verursachte Auseinanderreiſsen des stofflich Zusammengehörigen, wie auch die infolge dessen notwendig gewordenen häufigen Rückverweisungen; das „umständliche" und minutiöse Hervorheben und Beschreiben von nebensächlichen Dingen und untergeordneten Personen, die detaillierte Angabe von Beweggründen und Erwägungen, die nur für die mitten in den Ereignissen Stehenden Bedeutung haben, Fernerstehenden sogar lächerlich vorkommen können (wie cap. 31,5); es erklären sich sprachliche Nachlässigkeiten, wie 4, 3 qui simulatque captivus cum pervenisset (doch s. darüber unten) oder der überhäufige Gebrauch einzelner Wörter wie interim 68 mal, gratia mit Gen. 17 mal und Konstruktionen, wie des historischen Infinitivs — hat aber nicht auch der Historiker Sallust, dessen Schriften sorgfältig ausgefeilt sind, gratia mit Gen. im Jugurtha allein 12 mal und den historischen Infinitiv im Jug. 51,1 siebenmal, cap. 66,1 sogar elfmal? Was sonst an verschrobenen Konstruktionen und Anakoluthen dem Verf. in die Schuhe geschoben wird, ist sicher zum grofsen Teile nicht seine Schuld, sondern die Schuld der zerrütteten und interpolierten Gestalt, in welcher uns der Text des b. Afr. erhalten ist, s. hierüber Fr. p. 32 ff. u. 69 ff. — leichtere Anakoluthe aber gestatten sich auch die besten Schriftsteller; ist nicht gerade Asinius Pollio in einem seiner feinstilisierten Briefe an Cicero 10, 32, 2 aus der Konstruktion gefallen (cf. Schmalz p. 101)? Wie viel mehr wird man Anakoluthe in einem Tagebuche entschuldigen, gehören sie nicht geradezu den notwendigen Kennzeichen und Attributen eines solchen? Was endlich seine „täppische Loyalität" (Teuffel R. L. G. § 197, 7) anlangt, so will ich an zwei Beispielen zeigen, auf welchem Untergrunde derartige herabsetzende Urteile basieren. Nipperdey und Fröhlich p. 82 erwähnen, dafs der Verf. die Pompejaner im allgemeinen schlecht behandle, besonders aber den König Juba und Scipio. Ich finde aber nicht, dafs die „Grausamkeiten" Jubas im bell. Afr. stärker aufgetragen seien als z. B bell. civ. II. 44, 2, wo erzählt wird, er habe eine grofse Zahl der Gefangenen töten lassen. Was den Scipio betrifft, so erscheint er uns auch bell. civ. III, 31 u. 33 in einem wenig günstigen Lichte. An der letzteren Stelle wird berichtet, er habe den Tempel der ephesischen Diana plündern lassen wollen; an der ersteren heifst es von ihm ‚Scipio detrimentis quibusdam acceptis imperatorem se appellat.' Stände dieser Satz im bell. Afr., ich bin überzeugt, man würde ihn zu denjenigen rechnen, welche ‚magnam certe simplicitatem produnt' Nipp. 16, während uns an der Cäsarstelle die Erklärer belehren, dafs Caesar hier absichtlich mit einer gewissen Ironie spreche, um das Lächerliche des Benehmens Scipios hervorzuheben. Wie nun, wenn gerade diese Juba und Scipio betreffenden Stellen denselben

Verf. haben sollten wie das b. Afr.? vgl. darüber unten II, 3. Übrigens läfst unser Vf. dem Scipio gewifs alle mögliche Ehre widerfahren, wenn er ihn cap. 57, 4 nennt „Hominem familia, dignitate, honoribus praestantem". Aber freilich — hier fällt der ungeschickte Mensch „aus der Rolle" Fr. p. 82!

Auf eine andere Weise ist der Vorwurf der Lächerlichkeit, den Nipp. einer Stelle in cap. 14, 4 macht, zu entkräften. Dort heifst es, nachdem die Vorteile und Chancen des Labienus aufgezählt sind ‚Hac spe atque audacia inflammatus' etc. Nipp. findet diesen Ausdruck — nicht mit Unrecht — lächerlich ‚Labienus audacia fuit inflammatus, quod Caesarem a se oppressum iri sperabat'! Das Lächerliche und Anstöfsige der Stelle ist aber sofort aus dem Wege geräumt, wenn wir mit leichter Änderung schreiben hac spe atque fiducia inflammatus oder besser inflatus. Die Verbindung der beiden Substantiva ist nicht selten, sie findet sich auch bei Caesar b. c. 1, 20, 2 und bell. Al. 12, 2 magna spe et fiducia veteres (naves) reficere instituerunt: Liv. 45, 8, 5; Curt. 4, 10, 7; 9, 4, 25; Tac. Agr. 3; Suet. Claud. 10; fiducia steht noch Afr. 31, 5. 48, 4; As. Poll. bei Senec. suas. 6, 24. Wir werden an vielen Stellen des bell. Al. nachweisen, dafs der textliche Zustand dieser Schrift noch sehr im Argen liegt, noch mehr ist das der Fall bei dem bell. Afr. Dieser Umstand ist, wie mir scheint, bei der Würdigung der Schrift zu wenig berücksichtigt worden, gar manche Unebenheiten und Auffälligkeiten des Ausdrucks werden bei einer vorurteilsfreien, die schriftstellerische Individualität sorgfältig beobachtenden Kritik geglättet werden können. Ist einmal das Urteil über die Schrift und ihren Autor ein günstigeres geworden und in vernünftigere Bahnen gelenkt, dann wird man auch nicht mehr mit dem voreingenommenen Grundsatz an die Kritik desselben herantreten, dafs je vulgärer und unregelmäfsiger eine Spracherscheinung ist, mit um so gröfserer Wahrscheinlichkeit sie dem Autor zugetraut werden könne. So hat bereits Kraner c. 47, 5 das „barbarische" oppido perquam pauci geändert in oppido quam pauci (wie auch Livius 36, 25, 3; 39, 47, 2, sagt; vgl. Wölfflin Komp. p. 28) unter der Zustimmung Fröhlichs

p. 21, Ablehnung Köhlers p. 413. Vielleicht kann man auch das Anstöfsige der oben der Flüchtigkeit des Tagebuchschreibers zugerechneten Abundanz quo s i m u l a t q u e captivus c u m pervenisset auf einem anderen Wege heben. Wir finden cap. 91, 4 p o s t q u a m mit dem Konj. Plusquamperf. verbunden „postquam Juba egisset", eine Verbindung, die zwar in den modernen Texten nur an wenigen Stellen geduldet wird, aber doch handschriftlich sogar bei Cicero nachweisbar und von Hoffmann Lat. Zeitpart. p. 46 ff. erklärt und verteidigt ist. Hoffm. citiert hiefür Cic. imp. Cn. Pomp. § 9, s. Halm. z. St ; Cluent. § 181, ep. fam. 2, 19, 1 und Att. 11, 12, 1 im Mediceus, leg. II § 64; Liv. 22, 1, 2, Val. Max. 5, 7 ext. 2, Tac. Ann. 12, 54. Nun lesen wir aber 40, 5 p o s t q u a m Scipione eiusque copiis . . exturbatis atque in castra compulsis c u m receptui Caesar cani i u s s i s s e t und genau ebenso 50, 4 Caesar p o s t q u a m equitatu ante praemisso c u m ad eum locum venisset — sollen wir diese grobe Nachläfsigkeit zweimal kurz hinter einander dem Autor zutrauen? Nipp. p. 17 und Köhler p. 421 thun es. — Oder müssen wir nicht eher annehmen, dafs ein Interpolator, dem postquam mit dem Konj. auffällig erschien, die Glofse cum einschwärzte und diese so in den Text kam? Auch Cic. p. Deiot. § 36 lesen die Handschr. Antiochus Magnus c u m p o s t e a q u a m a L. Scipione devictus Tauro tenus regnare i u s s u s e s s e t omnemque hanc Asiam . . a m i s i s s e t: Hoffm. p. 47 hat die Stelle richtig geheilt durch Streichung des cum „das offenbar nur als Erklärung oder als Emendation des durch die Konstruktion mit dem Konjunktiv-Plusquamperf. auffälligen posteaquam in den Text kam", aber die neueren Editoren, die von einer solchen Konstruktion nichts wissen wollen — wenigstens für Cicero nicht — haben sie verschmäht und schreiben mit Lambin c u m, p o s t e a q u a m . . devictus ⟨est⟩ . . . iussus esset „obwohl die Häufung der Konjunktionen, wo das Particip d e v i c t u s die eine entbehrlich machte, gegen diesen Emendationsversuch spricht" Hoffm. in d. N. 63. Ferner finden wir in b. Afr. 78, 4 den Konj. Plusquamperf. im Wechsel mit dem Ind. Perf. „quod ubi c o e p t u m e s t fieri et equis concitatis

Juliani impetum fecissent", womit sich vergleichen läfst Liv. 4, 13, 10 quae postquam sunt audita et undique primores . . consules increparent (vgl. Hoffm. N. 70). Sind wir nach diesen Stellen nicht berechtigt auch c. 4, 3 anzunehmen, dafs cum als Glofse zu simulatque in den Text kam und dieses nach Analogie von postquam und ubi mit dem Konj. Plusquamperf. verbunden war, dafs also die Stelle ursprünglich gelautet hat quo simulatque captivus pervenisset?

Wie ein Kunstwerk, von stümperhafter Hand übermalt und von der Zeit mit einer Schmutzkruste überzogen, wenn es Künstlerhand gereinigt und restauriert hat, wieder in reinem echten Glanze erstrahlt, und jetzt erst die hohe Kunst seines Meisters zur Erkennung und Anerkennung kommt, so, hoffe ich, wird auch das bellum Africanum, wenn erst sein Text durch gesunde Kritik von allen entstellenden Zusätzen und sonstigen Verderbnissen gesäubert ist, sich wieder seiner ursprünglichen wenn auch kunstlosen Form nähern und auch in dieser seiner Tagebuchform seines nachmalig so berühmten Verfassers nicht unwürdig sein — des C. Asinius Pollio. Denn dieser und kein anderer ist der Autor. Alles weist auf ihn hin: Sein Parteistandpunkt — schon in einem Alter von 21 Jahren stand er als Ankläger des C. Porcius Cato einer Machtvergröfserung des Pompeius feindselig gegenüber, vgl. oben S. 25 und Vell. Paterc. 2, 63, 3 Asinius Pollio firmus proposito et Julianis partibus fidus, Pompeianis adversus; sein Gerechtigkeitsgefühl und seine Wahrheitsliebe — vergl. die unparteiische Würdigung der Charakterfestigkeit des Cato Uticensis (S. 26); die persönliche Gereiztheit gegen den König Juba, dessen Grausamkeiten genau verzeichnet werden (vgl. Fr. p. 82) — Juba war es, der das Heer des Proprätor Curio in der Schlacht am Bagradas vollständig vernichtete, so dafs nur wenige, unter ihnen Asinius Pollio, durch die Flucht entkamen; seine Teilnahme an dem afrikanischen Feldzug — bezeugt durch Plutarch. Caes. 52, der des Pollio Mitwirkung bei Gelegenheit eines Rencontre mit den hinterlistigen Numidern ausdrücklich hervorhebt (Fr. p. 89); das absichtliche

Verschweigen seiner Person — so hat man auch aus dem Fehlen der Briefe des Tiro an Cicero in den sog. Epist. ad famil. mit Recht geschlossen, dafs eben darum Tiro der Herausgeber sei; vor allem aber die viva vox des Kommentars selbst, seine eigenartige Diktion, die archaisierend und Vulgarismen zulassend, doch auch zugleich poetische und rhetorische Elemente aufweist — deckt sie sich nicht vollständig mit der des Redners, Dichters und Historikers Asinius Pollio, wie sie uns von den Alten geschildert und wie sie uns in den erhaltenen Briefen entgegentritt? Dafs das archaisch-poetische Element untermischt mit Vulgarismen im bell. Afr. noch stärker hervortritt als in den späteren Schriften, erklärt sich einerseits aus dem Bildungsgange des Schriftstellers, den seine poetische Anlage wohl schon frühzeitig zur Lektüre der alten römischen Tragiker führte, wie ja auch in Ciceros Jugendreden Reminiszenzen und Citate von Dichterworten und sogar Vulgarismen sich häufiger finden als in den späteren, andrerseits aus den eigentümlichen Umständen, unter denen die Schrift entstanden — nicht im Studierzimmer, im Verkehr mit Männern der Wissenschaft und des Forums, sondern im Kriegslager, inmitten einer soldatischen Umgebung. Dafs aber die archaisch-poetische Färbung, die sich mitunter gerne eines Wortes des Volksmundes bedient, der Grundzug der pollionischen Diktion blieb, sehen wir an den uns erhaltenen, gewifs mit aller Kunst und Sorgfalt ausgearbeiteten Briefen an Cicero. Und so treten wir in den Vergleich der beiden Schriftstücke ein und zwar wollen wir denselben in der Weise vornehmen, dafs wir von dem Wortschatze der Briefe ausgehen (unter Verweisung auf die Abhandlung von Schmalz) und demselben die entsprechenden Wendungen aus dem bell. Afr. und in Klammern auch aus den übrigen als pollionisch bezeichneten Teilen der Kommentarien gegenüberstellen. Dafs uns bei dieser wie den folgenden Untersuchungen das Wörterbuch von S. Preufs zu den pseudo-caesarianischen Schriftwerken (Erlangen 1884) wie die Caesarlexika von Meusel und Merguet vorzügliche Dienste geleistet haben, erkennen wir dankbarst an.

Ep. fam. 10, 31
§ 1. posteaquam (bis)

tabellarios (bis), noch § 4. 33, 1. 3.
tanta in mora est = moratur archaisch-poetisch (vgl. Schm. 99)
istic, häufig bei den Komikern K 414
actus occasionem
Dafs die Form nactus speziell pollionisch war, bezeugt Priscian X p. 513.6 H. (cf. Sch. p. 82, Haupt im Index Berol. Sommersem. 1855 p. 3 ff.)
navigari coeptum est

posteaquam b. Afr. 87, 6; sehr häufig postquam [beide Konj. fehlen bei Hirt., s. zu b. Al. 12, 2. 14, 1. 20, 3. 21, 1]
[das Wort fehlt bei Caesar, aber b. Al. 38. 1 P.]
cf. Afr. 26, 4 in tanta erat festinatione et exspectatione
Afr. 22, 2 istuc aetatis Plaut. Mil. 618, Ter. Heaut. 110
occ. nactus b. Afr. 28, 1. 62, 5; aufserdem d. Partic. nactus noch 7 mal. Über nactus u. nanctus gibt genaue Nachweise Wagener Phil. R. II 1523 f.
vgl. Afr. 12, 1 pulvis ingens conspici coeptus est; 82, 2 animadverti coeptum esset; aber 27, 2 lapides mitti coepissent, 82, 4 signa coepere inferri wie Varro r. r. 3, 19, 12. Sall. Cat. 12. Jug. 91. 96 und bei Dichtern.

cupidissime (= libentissime), or. p. Lam. bei Sen. Suas. 6, 15

Afr. 35, 4 cupidissime ad te venimus.

§ 2. utrobique, s. über die altertümliche und dichterische Form (Plautus mil. gl. 465, Varro 3 mal de ling. lat.) Schm. p. 83

b. Afr. 93, 1.

compulsus eo quo minime volebam

[b. Al. 61, 4 P quo maxime rem deducere volebat, necessitate est deductus]

pericula non dubitanter adii, über dubitanter Sch. 93.

[vitae periculum aditurus videretur b. g. 8, 48, 7 P]; [non dubitanter b. Al. 14, 3 P].

§ 3. nec periculum est ullum, quod ... deprecer

[b. Al. 57, 6 nullum periculum deprecaturos P].

§ 4. consules neque senatus consulto neque liberis **praeceperant** mihi, quid facerem

b. Afr. 3, 4 neque certum locum gubernatoribus praefectisque, quem peterent, praeceperat; 8, 4 haec ita imperabat unicuique, ita praecipiebat, uti.

se consentire cum Antonio = gemeinschaftl. Sache machen.

[b. Al. 57, 5 consentire cum Cordubensibus P].

§ 5. illud me Cordubae pro contione dixisse, bei Sen. suas.

b. Afr. 19, 3 Labienum dixisse pro contione [b. Al. 52, 1

6, 15 pro contione recitare: spezifisch pollionisch, fehlt bei Caes. u. Cicero; Sall. Jug. 8, 2. Livius, Tacitus. Schm. 96.
Über nulli für nemini s. zu b. g. 8, 55, 2.
contentiones = simultates

primum — deinde in abgeschwächter Bedeutung fast = et — et, pollionisch; noch 32, 3
cupidissimus, s. zu § 1
§ 6. vivere in otio

nullum vestigium abs te discessurus sum, eine mehr vulgäre Wendung, auch Liv. 27, 4, 1 negantis e re publica esse vestigium abscedi ab Hannibale, Sch. 84

quia, noch 32, 3. 33, 5. 34, 1. 5.

nullo negotio

Ep. fam. 10, 32.

§ 1. magno pondere auri, maiore argenti
duxit se a Gadibus Schm. 98, vulgär; a Gadibus Sch. 86.
traiecit sese Sch. 98, nicht bei Cicero, aber bei Dec. Brut., Livius, Val. Max.
in regnum Bogudis
Die Angaben Sch.' p. 80 bedürfen der Korrektur. Priscian inst. gramm. V, 10 p. 146, 18 H. citiert: „Bogud' nomen barbarum, quod Livius in centesimo quarto decimo declinavit ‚Bogudis' Fragm. 54 Weifs., vgl. Frag. 48 firmandi regni Bogu-

castris ad Cordubam positis pro contione militibus exponit] P.

[Al. 63, 1 contentiones Cassi Marcellique componere P].
Afr. 19, 3. 24, 1. [Al. 24, 2 P]

Afr. 78, 3 tempus diei in otio consumere
Afr. 73, 3 wird gelesen ideo quod hostium copias ab se suoque (ses suosque T) vestigio non discessuras existimabat; offenbar haben wir zu schreiben ab se suisque vestigium non discessuras (nicht einen Finger breit!)
b. Afr. 71, 2. 72, 1.
quia steht im ganzen Corp. Caes. nur bell. civ. 3, 30, 4 (s. über d. Stelle unten II, 2) und b. g. 8, 23, 4, welcher Abschnitt pollionisch ist.
Afr. 18, 5. 69, 3, sonst nicht im Corp. Caes.

[s. über diese dem Pollio eigene Klimax zu Al. 48, 1, S. 46 f.]
Afr. 93, 1 se subducit; Afr. 98, 2 a Caralibus profectus est u. ö.
[im ganzen Corpus Caes. nur b. c. 3, 112, 10 ad Achillam sese ex regia traiecit P]

b. Afr. 23, 1 regnum Bogudis est regressus [b. Al. 59, 2 litteras ad regem Bogudem mittit] dis causa. Das Nom. propr. hat ohne Zweifel Asinius Pollio zuerst dekliniert und gerade an diesem Beispiel zeigt sich die gemeinsame Autorschaft des b. Al. u. Af. sehr deutlich.

§ 2. haec **quoque,** noch § 4. 33, 1. 33, 4 (ter)

[quoque hat Hirtius Gall. VIII nicht und Al. steht es nur an einer poll. Stelle 35, 2 eo quoque regno decederet]. Dagegen steht es Afr. 6 mal.

renuntiavit, quos ei visum est

Afr. non est visum 25, 1; non est visa ratio 5, 1. 42, 1.

trucidatus est

Das Wort steht im ganzen Corp. Caes. nur Afr. 26, 5.

§ 3. **depugnasset,** dep. ist vox gladiatoria, Sch. 95
abi nunc, deplora, zum Asyndeton cf. Sch. 101
notissimum hominem
huiuscemodi (ebenso sagt Sallust nur huiuscemodi, Caesar nur huiusmodi)

b. Afr. 7, 6. 29, 1. 45, 3. 94, 1 (cf. Fr. p. 21)
Über den häufigen Gebrauch des Asynd. im bell. Afr. cf. Fr. p. 35.
notissimus b. Af. 22, 3. 56, 2
vgl. cuiusquemodi Afr. 19, 3. 23, 1. 36, 1.

§ 4. **pollicitatione,** ib. infinitis pollicitationibus incitare Sch. 92

pollicit. hat Hirtius wie Cicero nicht; b. Afr. 35, 2. 10, 5
[b. c. 3, 108, 2 hunc incitatum suis et regis pollicitationibus P].

infinitus, Sch. 99

equitatus infinitus Afr. 1, 4; inf. multitudo 59, 5 [infinitis rapinis Al. 61, 2 P].

incitatissimam (legionem) retinui

Afr. 83, 1 incitatis militum animis resisti nullo modo posse [Al. 61, 4 resistere incitatis militibus non poterat P].

§ 5. quae (pericula) victoribus illis **portendebantur,** ein mehr archaisch-feierliches Wort; steht bei Acc. Brut. 35.
quodcunque imperassetis, facturum fuisse
provinciam in mea **potestate tenui** cf. Vell. 2, 76, 2 nam Asinius Pollio .. diu retenta in potestate Antonii Venetia, magnis specio-

im ganzen Corp. Caesar. nur Afr. 82, 2 victoriam sibi propriam a dis immortalibus portendi.

Afr. 33, 1 se quaecunque imperasset facturos

Afr. 45, 5 quos (commilitones) nunc in tua potestate tenes, [Al. 57, 4 ut eam (Cordubam) in potestate retineret]

3*

sisque (s. unten S. 43) rebus — editis: beides Lieblingsausdrücke des Pollio.

militem auxiliarium, s. über d. Form Sch. p. 81.

[Al. 62, 1 auxiliariae cohortes P].

equites discedentes Orelli (decedentes Hss.) = desertieren

[Al. 57, 1 nuntiat eam (legionem) discessisse P].

nactus sum, s. zu 31, 1.

supplicio affeci

Afr. 87, 2 acerbissimo adficiunt supplicio

Gallum Cornelium, vgl. zu dieser Stellung der Namen Sch. 100, wo hinzuzufügen Varr. l. l. V 83 Scaevola Quintus, r. r. 1, 2, 1 Libo Marcius

Afr. 87, 5 Sulla Faustus; 97, 1 Crispo Sallustio (Aldus)

Ep. fam. 10, 33.

§ 1. in praesentia

§ 2. praesertim adiutore Planco

im b. Afr. 4 mal

[Al. 51, 4 cupienti praesertim aliquid Cassio P].

contiones habere

Afr. 88, 6 contione habita [Al. 57, 6 P]. Hirtius hat contio nicht.

incepta perficere

iter inceptum Afr. 75, 6. 80, 3 [Al. 37, 5 perfecit inceptum opus. P].

§ 3. binis tabellariis: dichterisch statt duobus Sch. 93 (wohl metri causa!)

Afr. 81, 1 quinae cohortes; 21, 1 ternae cohortes [Al. 37, 4 trina subsidia; Gall. 8, 2, 2 binae cohortes P].

quonam modo

et hercules

Afr. 72, 2 quonam modo sustinere se posset; [Gall. 8, 55, 2 quidnam P] im ganzen Corp. Caes. steht diese Verbindung nur b. Afr. 12, 2 et h. cum eo nuntio pulvis ingens conspici coeptus est.

§ 4. exercitum concisum esse (bis)

Afr. 50, 2 ut exercitus .. concideretur; 40, 3. 58, 4. 93, 2

cum legione VII, VIII, IX coniunxisse: der Singular wie immer bei Livius u. Vell. Sch. 84

Afr. 81, 1 legione X. XIII que u. ö. [Al. 57, 3 legio XXX et XXI P]

servitia für servos

Afr. 88, 1. 85, 2 [nur an diesen 3 Stellen [Al. 73, 3 P].] im Corp. Caesar.!

§ 5. spatium confirmandi sese Antonio dari (cf. Pacuv. 207 R spatium ulciscendi danunt)

Afr. 85, 3 spatium se non dare colligendi

aut in agris aut in villis, Sch. 99 vergleicht Pl. Rud. prol. 33 in agro atque villa

Afr. 65, 1 in agris et in omnibus fere villis

infesto itinere, inf. im pass.
Sinne
Fragm. bei Sen. suas. 6, 21 tot
  tantisque operibus mansuris
Fragm. bei Suet. de gramm. 11
  (p. 108 R.) adiutorium fecit.
  bei Quintil. 7, 2, 26 medicinam
  factitasse, ep. 10, 33, 4 seditionem fecerint.

[Gall. 8, 47, 2 infestis itineribus P].

Afr. 31, 9 tot rebus gestis tantisque exercitiis devictis, tot tam claris victoriis partis
b. Afr. 23, 2 eruptionem f.
  78, 3. 8 impressionem f. (Varr. r. r. 2. 4, 1)
  85, 5 salutationem f. more militari (Honneur machen!)

Obwohl diese Vergleichung nur auf der Basis eines geringen Bruchteils überlieferten pollionischen Spracheigentums geführt werden konnte, so hat sie doch eine auffallende Übereinstimmung in gewissen spezifisch pollionischen Eigentümlichkeiten gezeigt. Wir stellen hier das Wichtigste zusammen: pro contione dicere, nullum vestigium discedere; quonam modo, in agris et in villis, die Form nactus in der gleichen Verbindung mit occasio, utrobique, die Deklination des Nom. propr. Bogud in der Verbindung regnum Bogudis, in potestate sua tenere, die Nachstellung des Vornamens, der Gebrauch des Singulars legio bei Angabe mehrerer Legionen, der Gebrauch der Distributiva für die Cardinalia, cupidissime = libentissime, Umschreibung mit facere, se ducere und subducere, depugnare, pollicitatio. Hervorzuheben sind auch jene Wörter und Phrasen, welche in dem ganzen Corpus Caesar. sich nur an den von mir als pollionisch erfundenen Partien finden, wie nullo negotio, trucidare, portendere, et hercules, servitia und quia.

Da jedoch, wie natürlich, das zu dieser Vergleichung herangezogene Material nur ein unvollständiges Bild von der Diktion und dem Wortschatze des bell. Afr. gibt, so werde ich im Folgenden aus den Abhandlungen von Fröhlich und Köhler über die Latinität unseres Schriftstückes eine Reihe von charakteristischen und signifikanten Eigentümlichkeiten ausheben, welche die archaisierend-poetische Diktion desselben in helles Licht zu setzen im stande sind.

Aus der Formenlehre erwähnt K. p. 371 plostrum 9, 1. 21, 2. 75, auserdem Cato, Varro, Horaz. — Aus der Wortbildung ist bes. der Gebrauch der Deminutiva anzumerken: causula parvula 54,1, navigiolum parvulum 63,1, lapillus minutus 27,1, womit zu vergl. pisciculi minuti Ter. Andr. 2,2, 32, Varr. r. r. 3, 17,6; togula obunctula Titin. 138 u. s. w.; tristimonia 10,3, ebenso Nov. 401 R: errabundus 2,5. 21,3. 44,2, poetisch bei Lucrez, Vergil, dann auch bei Livius; largiter 72, 6, bei Plautus, Laberius, Horatius; bekannt ist das altertümliche Gepräge der Adverbia auf — tim, wie citatim 80,4, catervatim 32,3 minutatim 31,3. 78,7: seorsum 48,2, bei Cato, Lucrez; dextrorsus 75,7, vgl. dextrorsum bei Accius (!) und Horaz.

Wortzusammensetzung (K. p. 381): adaugere, auch bei Cicero und Caesar; convulnerare hat dem Anschein nach Asinius Pollio eingeführt, nach ihm der Rhet. Seneca, Curtius u. a.; comminari 71,1; condensare 13,1, auch Varro; condensus 14,2. 50,1, Lucrez; commigrare 20,6, Plaut., Terenz, Turpil., sogar Cic. ep. Qu. fr. 2,3. 7; consuefacere 73,3, Terenz, Varro, Sallust; consuetus 73,2 mit Infin. bellare wie Pacuv. (!) 261 R qui consuetus in armis aevom agere (aevum sagt Pollio bei Sen. suas. 6,24); exporrigere 42,2. 78,4, Terenz, Titin.; proloqui 35,3. 44,4, Pacuv. (!), Ennius, Plaut., Ter., Varro, Sisenna 108 Peter; inibi 23,1, Cato, Plaut., Varro.

Genus verbi (K. p. 391 ff.): assentire 88,2, Accius (!), Plaut., Pompon.; insectatus passivisch, Plaut., Varro, vgl. Pollio bei Priscian. VIII p. 386, 19 H. ‚cuius experta virtus' experta passive (ebenso Al. 61, 1 P multis proeliis expertae legiones), vgl. Accius (!) 681 R multa inventa expertaque ex hoc sunt bona; Cato r. r. 157, 10. Ebenso passivisch gebraucht ist aspernari 93,3. Es scheint also der passive Gebrauch der Deponentia zu den Liebhabereien Pollios gehört zu haben: cenatus sum 94,1 = Varro bei Gell. 2, 57, 7.

Sprachgebrauch einzelner Wörter (K. p. 394): grande praesidium 79,1 u. o., peditatus satis grandis 18,1, nachgeahmt von Justin. 41,4 grandem exercitum; incertus locorum, in aktiver Bedeutung, dichterisch: caelo albente 11,1. 80,3, auch Caesar. b. c. 1, 68, 1; Sisenna 103 P, Vergil. Aen. 4, 586: leniter = lente öfter, Afran., Horaz: suppetias ire, venire oft, Plaut., Varro: neque opinans 7, 5. 66, 2, derselbe archaisch gefärbte seltene Ausdruck steht auch Al. 63, 5. 73, 2. 75, 1 und bei dem Freund und Gesinnungsverwandten Pollios M. Brutus ep. ad Cic. 1, 4, 4 (ich halte diesen Brief für echt, s. zu Al. 63, 5); satagere = laborare 78, 7, Plaut., Cato, Cic. ep.

Die von dem Verf. gebrauchten Fremdwörter, meist term. techn. des Seewesens, finden sich auch bei andern guten Schriftstellern wie hippotoxota 19, 6 auch Caes. b. c. 3, 4: das seltene catascopus (= speculatorium) 26, 3 erhält eine den Gebrauch bei Pollio ins richtige Licht setzende Erklärung durch Gellius, der 10, 25, 5 eine Reihe von Fremdwörtern für das lateinische telum (gladius) und navis aufzählt, mit der Bemerkung ‚quae in historiis veteribus scripta sunt.‘ So citiert er z. B. rumpia (st. romphaea) aus den Annalen des Ennius; unter den bes. von den Griechen entlehnten Bezeichnungen für navis führt er an myoparones (bei Hirt. Al. 46, 6 und Sisenna 106 P., der auch lembus 38, phaselus 106 gebraucht, s. zu Gall. 8, 48, 5 lancea) und catascopium. Offenbar hängt also der Gebrauch solcher Fremdwörter bei dem Verf. des bell. Afr. mit seiner Vorliebe für altertümliche Ausdrücke zusammen, und es ist wieder ein Beweis davon, zu welchen verkehrten Schlüssen das Vorurteil von des Verfassers niedrigem Bildungsgrad führt, wenn Fröhlich p. 23 sagt: „Gerade beim Autor des bell. Afr. läfst sich die Anwendung von Fremdwörtern leicht begreifen: ist es nicht heutzutage noch so, dafs Leute aus den mittleren und unteren Ständen, denen eine höhere Bildung abgeht, mit Vorliebe Fremdwörter gebrauchen, um sich den Schein von grofsem Wissen zu geben?" — dann aber sich selbst widersprechend hinzufügt „Zudem ist die Zahl der griechischen Wörter im bell. Afr. nicht so grofs und sind es fast durchgehends solche, die sich teils schon zu Caesars, teils in der darauffolgenden augusteischen Periode als Termini technici in die laleinische Sprache eingebürgert haben." Die letzte Ursache aller dieser Irrtümer ist die Verkennung der bewufsten **archaisierenden Manier** unseres Autors; man warf sämtliche Archaismen in einen Topf mit den **Vulgarismen** und da kam dann ein so abschreckendes Bild seiner ganzen Schreibweise heraus, dafs man notwendigerweise zu dem Schlusse gedrängt wurde, in dem Schreiber des bell. Afr. einen Menschen von ganz geringer Bildung zu sehen. — Aufser den obengenannten Fremdwörtern begegnen in der That nur noch **trieris navis** 44, 2, **penteris** 62, 5 (vgl. Hirt. Al. 47 capit penterem unam, triremes duas, dicrotas octo; **dicrotum** sagt auch Cic. ep. 5, 11, 4. 16, 4 fin.); **epibata** für classiarius, Afr. 4 mal, Al. 11. Der Gebrauch endlich von **pyra** für rogus erklärt sich zur Genüge aus dem Vorkommen bei Vergil, dem Freunde des Asinius Pollio: Aen. 4, 494. 504. 6, 215. 11, 185. 204.

Syntax (K. p. 407 ff.): **magis suspensior** 48, 3 und **magis studiosior** 54, 5, Plautus, Terenz (vulgär); über **oppido quam pauci** war schon oben die Rede. — Man wirft dem Verf. des bell. Afr. den **unrichtigen Gebrauch des Plusquamperfekts** statt des Imperfekts vor und stellt ihn deswegen unter die schlechten Stilisten, obwohl doch bereits Nipp. p. 20 f. auch einzelne solche Fälle aus Caesar, Cicero und Sallust (cf. Constans p. 140) notiert hat: vgl. jetzt auch H. Blase, Geschichte des Irrealis im Lateinischen. Erlangen 1888 p. 54. Was nun diesen Gebrauch bei dem auct. b. Afr. anlangt, so erstreckt sich derselbe nur auf Relativsätze und — was ein unterscheidendes Kriterium für die verschiedenen übrigen Fälle dieses Gebrauchs ist — nur auf die Plusquamperfekta **habueram** und **fueram**. Die Stellen sind 23, 1. 31, 2. 34, 5. 43. 44, 1. 76, 2. 88, 3. 89, 1. 2. Es stimmt nun vollständig mit den Resultaten meiner Untersuchung zusammen, wenn von Nipp. für diesen Gebrauch noch zitiert werden Gall. 8, 2, 2 adiungit legionem undecimam, **quae proxima fuerat**, ib. 54, 3 quintam decimam, **quam** in Gallia citeriore **habuerat**; Al. 57, 1 L. Titius, **qui eo tempore tribunus militum fuerat** — denn gerade diese Stellen sind, wie wir unten sehen werden, pollionisch (über Al. 10, 4 s. unten z. St.). Ich kann dazu als weitere Belege fügen: aus dem vollständig pollionischen Kapitel Al. 57 § 5 duas cohortes, quae fuerant Cordubae und 64, 2 legiones, quas secum habuerat. Hieher gehört auch noch bell. civ. 2, 27, 2 hi sive, vere quam habuerant opinionem ad eum referunt, eine Stelle, die den Interpreten grofse Schwierigkeiten bereitet, obwohl doch Caesar selbst b. g. 2, 6, 4 sagt Iccius Remus, qui tum oppido praefuerat. Wenn wir bedenken, dafs die Kapitel b. c. 2, 23—44 die Mission Curios nach Afrika und deren verunglückten Ausgang zum Gegenstand haben — aus der Niederlage am Bagrada rettete sich, wie schon erwähnt, Asinius Pollio nur mit wenigen — so kann wohl kein Zweifel sein, wem Caesar das Material dazu verdankte. Wir werden also in dem Plusquamperfektum ein Körnchen des von Pollio hierüber eingeschickten Berichtes zu erkennen haben; mehr darüber unten II, 2. — Auch der eigentümliche Gebrauch des Konj. Imperf. im Relativsatze wie Afr. 35, 1 Scipio quique cum eo essent (dagegen 57, 1 Scipio quique cum eo erant) und 77, 1 Thabenenses interim, qui sub dicione et potestate Juhae esse consuessent scheint nur an bestimmte Verba gebunden gewesen zu sein, wenigstens ist es merkwürdig genug, dafs wir Gall. 8, 47, 2 in einer pollionischen Partie letzteres Verbum wieder finden: Commius, qui post illam vulnerationem semper ad omnes motus paratus suis civibus esse consuesset (zu dem Pleonasmus semper .. consuesset vgl. Al. 53, 1 in einer ebenfalls pollionischen Partie semper enim Berones secum habere consuerat). — Über die Konstruktion von postquam, ubi und simulatque mit dem Konj. Plusquamperf. s. oben S. 30. — Den häufigen Gebrauch des historischen Infinitivs (vgl. S. 28) hat der auct. b. Afr. mit Sallust gemeinsam. Aus dem Umstand, dafs er gerade bei diesen beiden archaisierenden Schriftstellern so häufig, dagegen bei Cicero (nur in den Verrinen und den Briefen) und Caesar (nur im bell. Gall.) sehr selten begegnet, kann man schliefsen, dafs die klassische Sprache diese mehr archaische Ausdrucksweise zurückdrängen wollte.

Kasuslehre (K. p. 424).

Der Genetiv des Städtenamens wie 26,2 ex oppido Thisdrae; 58,3 in oppido Uzittae u. s. w. gehört der Umgangssprache an, wie auch Cicero in einem Briefe Att. 5, 18. 1 sagt in oppido Antiochiae (s. meine N. 522ᵃ zu Reisig Vorlesungen), kann aber speziell bei Pollio durch den dichterischen Gebrauch veranlafst sein. vgl. Verg. Aen. 1, 247 urbs Patavi, ib. 244 fons Timavi. — onustus mit Genetiv 63,4 hat auch Plautus und Afran.; vgl. auch oneratus frugum bei Pacuv. 291 (!); acquiescere mit Dativ 10,5 ist vulgär. — Die Anwendung des sog. griech. Accus. 78,10 caput ictus und 85,8 bracchium gladio percussus hat Pollio aus der Dichtersprache in die Prosa verpflanzt. — Über den Genetiv bei potiri, den auch Sallust hat, s. zu Reisig N. 532; über den Accusativ, welcher Gebrauch vorwiegend archaisch-vulgär ist (Pacuvius 3mal, in der Prosa zuerst bei Sisenna 42 locum wie bell. Afr. 39,3, Cornificius 2mal, Sallust 1mal) s. zu Reisig N. 557 fin. — sub pedem subditum 84,1, vgl. subdere sub textum Cato r. r. 84. 157,3 fin. — ad — versus 5mal im b. Afr. wird auch belegt aus Varro und Sallust, fine mit Genetiv Afr. 81,1 umbilici fine wie Sallust. hist. III 77 D. fine inguinum aus Cato r. r. 113, 2 ansarum infimarum fini; gratia mit Genetiv sagen auch die Tragiker. Sisenna 118 P. und Sallust, vgl. S. 28.

Abundantia sermonis (K. p. 444 ff.), vgl. oben S. 30.

eius modi genera 71,1] den Pleonasmus hat auch Varro, Corn. Nepos (s. Lupus zu Ages. 8, 4), Sallust, vgl. sogar Cic. Pomp. 6 genus est belli eius modi. — ante praemittere 50, 4. 86,5 und ähnliche Pleonasmen sind aus den Komikern bekannt.

Verschiedenes: non possum pati quin 84,1] Diese Formel hat nur noch Ter. Heaut. 761; vgl. Rebling[2] p. 43 f. — Umschreibung mit facere] s. oben S. 37; saucium facere = sauciare 70,5 steht auch bei Cato, Plautus, Sisenna, Ovid, ja sogar Cic. Tull. 56 (sauciare im Corp. Caes. nur Al. 52, 4 P, s. z. St.). — Über den tropischen Gebrauch von bracchium als milit. term. techn. s. K. p. 469; er findet sich auch Al. 30,3 P, zuerst bei Cato r. r. 95; s u p e r c i l i u m = collis sagt auch Vergil und Livius. — J u l i a n i für Caesariani zu sagen (cf. Archiv I, 185) scheint der auct. b. Afr., also Pollio, aufgebracht zu haben, wir können dies indirekt aus dem Gebrauch bei Velleius schliefsen, wie 2, 63, 3 Asinius Pollio — J u l i a n i s partibus fidus (vgl. 68, 1. 84, 1. 85, 2). — Ebenso finden wir das Adjektiv s p e c i o s u s, das Afr. 48, 5 als Adverb im Superlativ steht speciosissime, und das im Corp. Caes. aufserdem nur im bell. Al. im Bericht über die spanischen Unruhen 2mal begegnet 48, 3. 49, 1, auch bei Velleius wieder und zwar am häufigsten in den Abschnitten über die Bürgerkriege, für welche er Pollios Geschichte benutzte: 2, 49, 2. 76, 2. 79, 2. das Adverb speciose steht 45, 3. Der seltene Ausdruck a c i e s e q u e s t r i s 38, 4 kehrt auch Vell. 2, 112, 5 wieder. Auch das seltene Verbum r e r i, das Pollio bei Senec. suas. 6, 24 gebraucht in der Form r e b a t u r und das im ganzen Corp. Caes. nur b. Afr. 88, 6 in der Form r a t u s begegnet, wendet Velleius an 2, 51, 1 ut rebatur. Die Vorliebe für dieses archaisch-poetische Wort (vgl. Cic. de orat. II § 153, Quintil. 8, 3, 26) mag Pollio wie für viele andere aus seinen Lieblingsdichtern geschöpft haben, Pacuv. 323 remur, Acc. 378 reremur, 97 es ratus: die wenigen Stellen für r e b a t u r aus Cicero (Nat. deor. 3, 6, 15. Acad. 1, 7, 26), Vergil (Aen. 6, 691) und den späteren Historikern gibt M e i s e r Beiträge zur Textkritik des Curtius p. 37.

Mit dieser Skizze des Sprachgebrauches des Bellum Africanum sei dieser Teil unserer Untersuchungen abgeschlossen. Wir glauben erwiesen zu haben, dafs die Latinität desselben, wenn man sie unter den richtigen Gesichtspunkten betrachtet, bei weitem besser ist als ihr Ruf. Den schlechten Ruf aber verdankte die Schrift wie ihr Autor nur dem festgewurzelten Urteil oder vielmehr Vorurteil, das die Gelehrten unserer Zeit über dieselbe gehegt haben. An diesem festhaltend ging man an die Kritik, Exegese und Würdigung des Sprachgebrauchs und bedeckte entschuldigend alle Absonderlichkeiten und Abweichungen von der Redeweise Ciceros und Caesars grofsherzig mit dem faltenreichen Mantel des Vulgärlateins. Das in vielen Fällen zutreffende

Axiom „archaisches und vulgäres Latein ist identisch" trifft eben bei Beurteilung unseres in bewußter archaischer Manier geschriebenen Werkchens nicht zu und trug hauptsächlich zur Verschleierung und Nichterkennung seines wirklichen Autors bei. Befangen von diesem Urteil und überall nur Vulgarismen witternd hatte man keinen Blick mehr für die wahrhaft edel-einfache, in kurzen Sätzen und in eigenartiger Diktion sich abwickelnde Erzählung. Mochten für eine große Reihe von auffallend erscheinenden Redewendungen, Konstruktionen u. a. m. sich auch Belege aus den besten Autoren finden, nichts vermochte das einmal gefaßte Vorurteil über unseren „schlechten Stilisten" wankend zu machen. In gedrängtem Bilde haben wir versucht, die sprachlichen Eigentümlichkeiten des Bell. Afr. in gerechter Würdigung ihrer verschiedenartigen Elemente in das richtige Licht zu setzen, daran zu zeigen, daß der Grundzug der Diktion archaisch und zugleich poetisch ist, erst in zweiter Linie vulgär. Daß unter den Caesarianern nur Pollio so geschrieben, bezeugen uns die Alten selbst deutlichst; daß die äußeren wie inneren Bedingungen zusammentreffen, um Pollio als unzweifelhaften Verfasser dieses Tagebuchs erscheinen zu lassen, geht, denke ich, aus unseren Erörterungen hervor. Die Ähnlichkeiten der übrigen von uns als pollionisch bezeichneten Stücke des bell. Gall. VIII und bell. Al. untereinander und mit dem bell. Afr. und Pollios Briefen werden die Richtigkeit unserer Aufstellungen noch mehr erhärten. Sind dieselben aber richtig, so ist damit dem Bellum Africanum eine wesentlich andere Stellung nicht nur in der Litteraturgeschichte, sondern auch unter den Quellen für die Geschichte jenes Zeitabschnittes angewiesen. Man wird dem Tagebuch eines Asinius Pollio eine größere historische Glaubwürdigkeit beimessen als dem für schlecht stilisiert ausgegebenen Bericht eines obskuren Offiziers. Es wird ferner dieser Gesichtspunkt für die Wertschätzung der übrigen Quellen von großer Wichtigkeit sein; doch müssen wir diese Seite der Betrachtung den Historikern überlassen.

II. Der litterarische Nachlass des A. Hirtius.

1. Der Bericht über die Unruhen in Spanien, bell. Alex. capp. 48—64.

Zur Schilderung der turbulenten Vorgänge in dem jenseitigen Spanien während der Jahre 48 und 47 war Hirtius benötigt, sich von glaubwürdiger Seite einen zuverlässigen Bericht zu verschaffen. An wen anders sollte er sich mit einer solchen Bitte wenden, als an den Mann, der zur Zeit der Abfassung des Kommentars — also im Sommer 44 — an der Spitze der Verwaltung jener Provinz stand — an C. Asinius Pollio, seinen Freund und Parteigenossen? Dafs Hirtius diesen Bericht noch selbst dem Kommentar de bell. Al. einreihte, geht daraus hervor, dafs, obwohl gerade diese Partie die gröfsten Abweichungen von der hirtianischen Diktion in Sprache und Komposition zeigt, dennoch stellenweise echt hirtianische Wörter und Wendungen zu tage treten. Wenn also auch Hirtius noch Zeit fand, den Bericht des Asinius im einzelnen für seine Zwecke zuzurichten, hier ein Kapitel zu kürzen, dort einen Ausdruck zu ändern, so ist doch dadurch das pollionische Gepräge des Ganzen nur sehr wenig verwischt worden, ja gerade diese Partie gehört zu den besten und am anschaulichsten geschriebenen der Supplemente, zu jenen, welchen Nipperdey eine an Caesar erinnernde alacritas und facilitas zuschreibt. Auch der Ton, mit welchem die Parteiverhältnisse besprochen werden, ist ein ruhiger und weniger leidenschaftlicher als der des Bell. Afr., wie auch Nipp. p. 16 bemerkt, der ohne den Zusammenhang zu ahnen, schreibt ‚neque a Caesarino de initio dissensionis civilis et de turbis

Hispaniensibus moderatius potuit scribi quam ab Hirtio extremo libro octavo de bell. Gall. et bell. Alex. 48 seqq. factum est.' Aber gerade diese beiden Teile, die Nipp. so rühmend hervorhebt, haben den Asinius Pollio zum Verfasser! Seit Abfassung des Tagebuches über den afrikanischen Krieg waren einige Jahre vergangen, Pompeius und Caesar waren aus dem Leben geschieden, Asinius selbst in jener Zeit dem Schauplatz der Parteikämpfe weit entrückt — so ist es begreiflich, wenn sein Urteil und seine politischen Ansichten gereiftere und ruhigere geworden sind.

Wenden wir uns nun den sprachlichen Einzelheiten zu, so haben wir eine Reihe von ihnen bereits in den vorhergehenden Blättern abgehandelt. So die pollionischen Wörter **speciosus** 48, 3. 49, 1 S. 43, **pro contione** 52, 1 und **contione habita** 57, 6 S. 34, den Pleonasmus **semper consuerat** 53, 1 S. 41, den Gebrauch des **Plusquamperfekts** statt des Imperf. 57, 1. 5 fuerat, 64, 2 habuerat S. 40 f.; **in potestate retinere** 57, 4 S. 35; § 6 **nullum periculum deprecari** S. 33; die Form **Bogudem** 59, 2 S. 34; das passivische **expertus** 61, 1 S. 38; ib. § 4 **quo maxime rem deducere volebat, necessitate est deductus** = ep. fam. 10, 31, 2 S. 33; ib. **resistere incitatis militibus non poterat** = b. Afr. 83, 1 incitatis militum animis resisti nullo modo posse zu ep. 10, 32, 4 incitatissimam (legionem) retinui S. 35; **neque opinantes** 63, 5 S. 39.

Diese sämtlichen Wörter und Wendungen finden sich bei Hirtius **nicht**. Dazu kommen noch folgende Abnormitäten von dessen Sprachgebrauch, die wir der leichteren Übersicht halber kapitelweise zusammenstellen.

Kap. 48 § 1. Schon Fischer p. 17 hat darauf hingewiesen, dafs sich in dem Bericht über die spanischen Wirren in auffallender Weise dreimal die Klimax*) des Po-

---

*) Diese Klimax scheint besonders den Caesarianern eigentümlich zu sein, begegnet aber auch in der späteren Latinität. Man vergl. Caesar b. c. 3, 47, 5 **magnam** inopiam perpessus, multo etiam **maiorem**; b. g. 3, 42, 2 se **tuto** dimicaturos existimabant, tamen **tutius** esse arbitrabantur; Planc. ep. fam. 10, 8, 2 **magna** ipse (codd. in spe) ad

sitiv durch den Komparativ desselben Adjektivs und zwar an den drei Stellen mit magnus-maior finde, nämlich 48,1 cum periculo magno, tum etiam maiore periculi fama; 51,1 magna miserat auxilia maioraque missurus existimabatur; 56,4 magnum hoc fuit vectigal, maius tamen creabat odium. Dafs wir diese Eigentümlichkeit bei Hirtius nicht finden, dagegen in einem Briefe Pollios und gerade wiederum mit magnus ep. fam. 10, 32,1 magno pondere auri, maiore argenti, ist, meine ich, ein deutlicher Fingerzeig dafür, wo wir den Verf. dieser Kapitel zu suchen haben. — Des weiteren ist es in § 1 beachtenswert, dafs als Ort der pharsalischen Schlacht Palaepharsalus (wie Eutrop. 6, 20, 4 und Oros. 6, 15, 27) genannt wird, während Hirt. Al. 42,3 von dem proelium Pharsalicum*) spricht und Caesar den Ort gar nicht nennt, sondern nur allgemein mit proelium in Thessalia factum bezeichnet b. c. 3, 100, 4. 101, 6. 111, 3. Bei den Schwierigkeiten, welche die genauere Bestimmung der Stelle hat, an welcher die Schlacht geschlagen wurde (cf. Goeler, die Kämpfe bei Dyrr. und Phars. p. 136 ff.), ist diese Angabe von Wichtigkeit und gewinnt eine noch gröfsere, wenn wir sie dem Asinius Pollio verdanken, der nach Appian b. c. 2, 82 die Schlacht selbst mit-

---

proficiendum impedimenta opponerem aut maiores occasiones ad opitulandum haberem; Liv. 1. 56,6 per ignotas terras, ignotiora maria, ib. 7, 8; 2, 29, 5. 10. 35, 6. 57, 1; 3. 6, 6; 8, 29. 10; 24. 3, 3. 21, 3 foeda scelera foediore sque libidines; ib. 26. 14; 38, 53, 9; Tacit. Annal. 1, 17. 1 cur paucis centurionibus, paucioribus tribunis oboedirent. Aus Cicero kenne ich wenige Beispiele solcher Gradation, wie Phil. VI § 18 senatum bene sua sponte firmum firmiorem vestra auctoritate fecistis; in höchst affektvoller Weise verwendet sie Cicero in der Peroratio der Quinctiana § 95, wo sie 7gliedrig auftritt.

*) Die später fast allgemein übliche Bezeichnung der Schlacht bei Pharsalus war acies Pharsalica — wahrscheinlich mit Beziehung auf die durch das Eingreifen der noch im letzten Augenblick gebildeten quarta acies erfolgte Entscheidung des Tages, vgl. 3. 89, 4. 94, 3. In der Ligariana Ciceros (a. 46) finden wir zuerst die Benennung acies Pharsalica, aufserdem Phil. II, 71. Liv. Epit. 111; Sen. suas. 6, 6, controv. 5, 1; Vell. 2, 52, 2. 68, 1. Val. Max. 1, 5, 6. 3, 5, 5. Sen. ep. 71, 8. Tac. ann. 4, 44; Suet. Jul. 30. 63. 75. Nero 2. Vesp. 1 (proelium Ph. Jul. 35).

machte (Ἀρ. Πολλ. ὑπὸ Καίσαρι τῆς μάχης ἐκείνης στρατηγῶν). Die Richtigkeit seiner Angabe hat denn auch ihre Bestätigung durch die neuere Forschung gefunden. Goeler l. l. hält aus topographischen wie militärischen Gründen dafür, dafs die Schlacht am rechten Ufer des Apidanus, also in gröfserer Nähe von Alt- als von Neupharsalus stattgefunden hat. — Endlich ist auch die Überleitungsformel iis autem temporibus unhirtianisch, vgl. 62, 2 temporibus illis. Hirtius sagt konstant sub idem tempus, ähnlich wie Sallust und Velleius (auch einige Male im bell. Afr.) per idem tempus. Bemerkenswert ist, dafs der Bericht über C. Curio b. c. II, 23, 1 ebenfalls mit isdem temporibus und der Abschnitt über Scipio b. c. III, 31, 1 mit his temporibus beginnt; s. darüber unten. — Ibid. consuetudine naturae suae] vgl. ep. 31, 2 natura mea et studia. — mutuo] fehlt bei C. (= Caesar) und H. (= Hirtius), ist häufig bei Plancus und Lepidus in den Briefen an Cicero, cf. Krebs-Schmalz Antibarbarus. — difficulter] fehlt bei H., 1mal bei C. — compensare] fehlt bei H. und C., ist häufig in Ciceros Reden. — offensio] fehlt bei H.

§ 2. cum primum .. conduxit] fehlt bei H. — est pollicitus und esset appellatus] die Stellung des Hilfsverbums vor das Participium ist charakteristisch für alle Caesarianer. Sie findet sich zwar schon in der älteren und gleichzeitigen Latinität, so Acc. 452 R esset interfectus, Varro r. r. praef. potius essem consecutus und ling. Lat. V, 1 essent imposita, auch bei Cicero vereinzelt, besonders in den Briefen an Caesarianer, aber zur Regel wird sie erst seit Caesar. — Zu imperatorem appellare vgl. 53, 4 praetor appellatur, ebenso 59, 1; H. hat diese Verbindung nicht, dagegen b. c. 2, 26, 1. 3, 31, 1 (!) und Vell. 2, 59, 2. 76, 2. — § 3 praemia concedere] C. und H. sagen praemia tribuere. — Über speciosus hier und 49, 1 siehe oben S. 42.

Kap. 49 § 1 legionibus in hiberna (T V hibernia, weshalb vielleicht hibernis zu lesen) dispositis sagen C. und H. nicht, ebensowenig wie 64, 2 legiones in hiberna distribuere, vgl. Gall. 8, 54, 4 P ipse exercitui distribuit hiberna.

§ 2. Pecuniae locupletibus imperabantur, quas Longinus sibi expensas fieri non tantum patiebatur, sed etiam cogebat, in gregem locupletium simultatium causa tenues coniciebantur, neque ullum genus quaestus aut magni et evidentis aut minimi et sordidi praetermittebatur] Dafs dieser Satz von H. berührt wurde, kann man fast als sicher hinstellen wegen der Partikelverbindung non tantum — sed etiam, eine Verbindung, die sich weder bei Caesar noch Sallust findet (bei Cicero sehr selten, s. zu Rosc. Am. p. 252), dagegen bei H. sehr häufig: Gall. 8. 6, 2. 41, 6. 52, 5. Al. 32, 4. 34, 2. 42, 1. 58, 4. 63, 5. 67. 1. — Pollios Freund M. Brutus sagt in einem der mit Unrecht verdächtigten Briefe an Cicero (vgl. Schirmer, über die Sprache des M. Brutus, Progr. Metz 1884 p. 26) 1, 4. 4 ganz ähnlich non solum esse patitur, sed etiam cupit (ebenda findet sich auch neque opinans, vgl. unten zu 63, 5). Es erinnert aber auch die Verbindung der ungleichen Grade minimi et sordidi an Gall. 8, 13. 4 secundis minimisque rebus. Dagegen deuten unfehlbar auf Pollio die Wörter grex] im guten Sinne mehr poetisch, fehlt bei C. u. H., simultas] fehlt bei H., aber Poll. fragm. bei Sen. suas. 6, 24 simultates appetebat; praetermitto] fehlt bei H., dagegen b. Afr. 59, 1. 84, 1; evidens] fehlt bei C. u. H , nachklassisch z. B. bei Liv. 44, 41, 6 neque ulla evidentior causa victoriae fuit. Das am meisten für Pollio zeugende Wort müssen wir aber erst durch eine ebenso leichte wie unzweifelhafte Emendation gewinnen. Wie man sich geplagt hat, die Lesart sei es der fam. Hauniensis causae tenues, sei es der fam. Paris. causa unter Beibehaltung des (auch Vielhaber) anstöfsigen coniciebantur (coiciebantur T L U F V) zu erklären, sehe man bei Nipperdey p. 197 u. Vielhaber l. l. p. 568. Liest man mit Änderung eines Buchstabens conciebantur, so fällt mit einem Male auf die ganze Stelle ein erhellendes Licht „gegen das Corps der Reichen wurden simultatium causa die Armen aufgewiegelt." Zur Evidenz erhoben wird diese Emendation durch das Vorbild unserer Stelle bei Pacuv. 141 R. conciebant populum und die Parallelen bei Pollio selbst ep. 33, 4 non modo nationes, sed etiam servitia concitaturum (die Form conciturus dürfte nicht zu belegen sein) und Liv. 1, 60, 2 Sex. Tarquinius . . ab ultoribus veterum simultatium, quas sibi ipse caedibus rapinisque concierat, est interfectus. Auch Val. Max., ein Nachahmer Pollios, hat den Genetiv simultatium 4, 2, 2.

§ 3. magna sollicitudo periculorum ad iacturas . . adiungebatur] vgl. Gall. 8, 48, 2 P. Volusenus ad eam virtutem . . magnum odium Commii adiungebat nach Pacuv. 278 Parum est . . . ni etiam hunc ad malam aetatem adiungas cruciatum reticentia?

Kap. 50 § 1 Quibus de causis accidit bis § 2 Horum odium confirmabant nonnulli familiares eius] scheint Hirt. Pollios Bericht gekürzt und zusammengefaſst zu haben (consilia inire sagt Hirt. 8, 16, 1. 44, 1. b. Al. 74, 3. fragm. p. 160, 25 D; mit odium confirmabant läſst sich vergleichen 8, 2, 1 opinio confirmatur, während Pollio das einfache firmare vorzieht, siehe zu Al. 37, 2). Dagegen hebt der pollionische Bericht wieder an bei qui cum in illa societate etc. und läuft ohne Änderung von Hirtius' Hand bis 51, § 2 excl. In diesem Abschnitt, dessen lebhafter Ton durch die kurzen Sätze und den Gebrauch des Praes. hist. sich schon äuſserlich manifestiert, fallen folgende bei H. fehlende Wörter: § 2 nihilo minus (b. Afr. 5mal), intercidere (poetisch), interpellare, assignare mit Dativ (Afr. 3, 4 culpae imprudentiaeque assignare, ein seltenes Wort, fehlt auch bei Caesar; Planc. ep. fam. 18,2, Caecin. fam. 6, 7, 3; Cic. p. Mil. 6, Qu. fr. 1, 4, 1), peccare, das in ähnlichem Zusammenhang steht Afr. 85, 8 qui ex tanta victoria licentiam sibi assumpsissent immoderate peccandi und b. c. 2, 31, 7 in der Rede des Curio ‚quo maiorem licentiam habeant qui peccare conentur.' — § 3 ornare = armare fehlt H., aber b. Afr. 86, 1 elephantos ornatos armatosque; impensae und requies bei H. und C. Zu nec provinciae datur ulla requies vgl. Acc. 577 R neque ulla interea finis curai datur. — Kap. 51, § 1 Interim] von den 17 Kapiteln dieses Berichtes beginnen 5 mit interim; sehr häufiger Anfang im b. Afr., siehe S. 28. — perque Mauritaniam] d. Praep. que an per angehängt ohne vorhergehendes per erscheint im ganzen Corp. Caes. nur hier, denn b. c. 3, 108, 3 heifst es per omnes deos perque foedera. — missurus existimabatur] vgl. Al. 26, 2 P munita existimatur; 8, 48, 7 P aditurus videretur.

Kap. 51 § 2 und 3 sind hirtianisch: zu voluptate efferebatur vgl. G. 8, 19. 8 elatos iracundia victores; Al. 41, 1; 76, 3 = 8, 29, 3; oblata facultas. vgl. 8, 18, 3 oblata occasio. — § 3 ad legiones accersendas auxiliaque adducenda] zwei völlig hirtianische Phrasen: ad auxilia accersenda 8, 10, 4, Al. 26, 1. 34, 5, ad auxilia adducenda 8. 7, 5. — dat negotium ut] cäsar. Phrase Al. 9, 1 C, b. Gall. 2. 2. 3 (Cornif. IV 64); ne qua res . . moraretur] Hirt. liebt finale Nebensätze mit ne quis aufserordentlich, frg. 160, 25 ne quod calidius ineant consilium: 8, 38, 1 ne qua facultas daretur, 46, 4 ne qua pars. Al. 33, 2 ne qua dissensio nasceretur = 8, 6, 1 ne quod initium belli nasceretur; Al. 11, 3 ne quod detrimentum = 8. 24, 3 ne quod incommodum.

§ 4. Der Satz reditus fuit celerior omnium opinione kann ebenso gut Hirtius wie Pollio gehören, doch gebraucht Hirt. in dieser Phrase nur das Adverbium celerius wie 8, 8, 4 celerius op. eorum exercitum adducit, Al. 71, 2 ut celerius omnium op. manum consereret, 78, 5 celerius omn. op. venit, während Pollio ep. fam. 31, 6 auch ein Adjektiv — wie an unserer Stelle — zuläfst „opinione tua mihi gratus est". — labor aut vigilantia] dieselbe Verb. Cic. Planc. 62. Auch die Verba sind oft bei Cic. verbunden; übrigens sagt schon Acc. 214 R vigilandum est, Caes. und Hirt. haben weder vigilantia noch vigilare: cupienti praesertim aliquid] über praesertim s. oben S. 36.

Kap. 52 enthält die frische, lebendige Schilderung des Attentates auf Cassius Longinus und ist ein Muster der archaisch-poetischen Sprache des Pollio.

§ 1. Über pro contione s. oben. — polliceturque] vgl. 58, 4 deprecaturque, b. Afr. 58, 4 verebaturque, 71, 1 comminareturque (Vell. 2, 53, 3 hortarenturque); b. civ. 3, 112, 12 P hortareturque — Pacuv. 365 hortaturque. Auch Caesar liebt das Anhängen von que

4*

an Deponentialformen des Präsensstammes: **hortaturque** b. g. 5, 38, 2. 7, 37. 2, b. c. 1, 19, 1; **obtestaturque** 7, 71, 3, **pollicenturque** 5, 20, 2.

§ 2. **ex contione**] H. hat das Wort **contio** nicht; **tempore postmeridiano**] diese (genaue) Bezeichnung der Zeit kennt weder H. noch C.; **quasi aliquid ab eo postularet**] die ganz ähnliche Schilderung des Attentats auf Caesar bei Sueton 82 ‚quasi aliquid rogaturus propius accessit . . ab utroque humero togam apprehendit: deinde clamantem . . alter e Cassiis **adversum** vulnerat. Caesar Cassii bracchium arreptum graphio **traiecit**‘ läfst schliefsen, dafs Sueton die Erzählung dieser Begebenheit in Pollios Geschichte der Bürgerkriege vor sich hatte. — **nam is latus Cassi tegebat**] poetische Wendung, vgl. Hor. Sat. 2, 5, 18 Utne togam spurco Damae latus? — **se insinuare**] fehlt bei H.

§ 3. **fit a coniuratis impetus universis** und **proximum gladio traicit lictorem**] dafs nicht nur Hirtius (s. Kraner zu 8, 19, 2, Vielhaber l. l. p. 548) solche Sperrungen liebt, sondern auch Asinius Pollio, ersehe man aus den Anführungen bei Schmalz p. 100, Fröhlich 24 f. — **gladio traicere**] vgl. Afr. 94, 2 gladio traicere pectus, Gall. 8, 48, 5 P lancea infesta femur **traicit** Voluseni.

§ 4. **simili confidentia**] d. W. confidentia fehlt bei H. u. C., hat überhaupt seine Blütezeit bei den archaischen Dichtern gehabt. Sehr häufig steht es bei Plautus, Pacuvius, Accius. Ein geflügeltes Wort mag das pacuvianische (174 R) Par fortitudo, **gemina confidentia** gewesen sein, dessen bewufster oder unbewufster Anklang das pollionische **simili confidentia** ist — eine Illustration zu dial. de orat. 21 **Pacuvium certe et Accium** non solum tragoediis sed etiam **orationibus suis** (sc. Asin.) **expressit**! Zu dieser Reminiszenz stimmen auch die Schlufsworte dieses Kapitels ‚ad ipsum Longinum Squillus **involat** iacentemque levibus **sauciat plagis**‘: keines der durch den Druck hervorgehobenen Wörter steht bei H. oder C., wohl aber **involare** bei Terenz (vgl. **transvolare** Poll. ep. 31, 4), **plaga** bei Vergil, **sauciare** bei den Komikern; vgl. oben saucium facere.

Kap. 53 bis 57 inclus. zeigen nur vereinzelte Spuren hirtianischer Redeweise, vielmehr ist der Ton der Erzählung wie die Ausdrucksweise ganz die dem Pollio eigentümliche.

c. 53,1 semper enim Berones .. secum habere consuerat] Von dem Pleonasmus semper — consuerat, der sich auch 8, 47, 2 P findet, war schon oben S. 41 die Rede. Dafs der von den Hss. übereinstimmend überlieferte Name Berones nicht falsche Lesart ist, sondern ein celtischer Ausdruck für Bewaffnete, hat Wilh. v. Humboldt in seinem bahnbrechenden Werke „Prüfung der Untersuchungen über die Urbewohner Hispaniens mittelst der vaskischen Sprache" (1821), wieder abgedruckt in den gesammelten Werken II p. 114, auseinandergesetzt. Dem Asinius Pollio, dem mehrjährigen Verwalter von Hispania ulterior, war dieser einheimische Name natürlich geläufig. Daran knüpfe ich die Bemerkung, dafs die einheimischen Provinzialtruppen im Gegensatz zu den römischen nur in diesem Abschnitt mit vernaculus bezeichnet werden, so in diesem Kap. § 4 milites vernaculi; § 55, 5. 53, 3. 57, 1 legio vernacula. — accurrit in castra, vgl. b. Afr. 74, 2. 85, 7 ad oppidum, ad Caesarem accurrere. Der letzte Satz dieses Kapitels „nam legiones XXX et XXI" kann von Hirtius hinzugefügt sein, da es pollionischer Brauch ist zu sagen legionem XXX et XXI, s. oben S. 36. Ebenso möchte ich c. 54 § 1 den Satz quo nuntio dolore magis permotus quam animo perturbatus reficit se celeriter et ad Cassium visendum proficiscitur dem Hirt. zuschreiben; es spricht dafür erstens die bei H. beliebte Assonanz mit per, vgl. Al. 75, 2 permixtos milites perturbant und Gall. 8, 29, 2 quibus visis perculsae barbarorum turmae ac perterritae acies hostium perturbato impedimentorum agmine etc. und dazu Kraner, zweitens die ebenfalls d. Hirt. sehr geläufige Phrase proficisci ad mit Gerundium. resp Gerundivum, 5mal in b. g. VIII, 3mal in b. Al. — Die folgenden kurzen Sätze sind dem Berichte des Pollio entnommen, doch ist der Ausdruck hie und da geändert worden: so ist die Phrase ad auxilium ferendum hirtianisch. s. zu Al. 2, 3 und ebenso in sententia permanere (8, 22, 1. 43, 4. Al. 63, 4).

§ 2 beginnt: Re cognita XXX legio signa Cordubam infert] Auffallenderweise macht Hirtius an keiner Stelle „von den beliebten Ausdrücken, in welchen statt der Bewegungen der Truppen die entsprechenden Bewegungen der Feldzeichen gesetzt werden" (Fröhlich, Realist. u. Stil. p. 44), Gebrauch. So findet sich signa inferre nur hier, wie b. Afr. 69, 2. 82, 4. signa tollere nur Al. 57, 1: vgl. sub signis habere Poll. ep. 10. 33, 4; ebenso findet sich die Verbindung von signa und ordines nur Al. 20, 3 an einer cäsar. Stelle — man begreift leicht, wie solche dem bell. Al. ausschliefslich eigentümliche Wörter und Wendungen zu der Ansicht führen mufsten, dafs das bell. Al. einen anderen Verf. habe als das VIII. Buch de bell. Gall. — Facit hoc idem XXI] vgl. 8, 48, 4 P. faciunt hoc idem omnes eius equites. — secuti sunt factum superiorum] vgl. 8, 53, 1 P conveniens superiori facto: Poll. ep. 10, 31, 3 cuius facti iniustissima invidia. Die der Fechtersprache entlehnte Wendung de gradu deiecta est (Cic. Off. I § 80, ep. Att. 16, 15, 3) wird man dem Pollio zuschreiben dürfen unter Vergleich der Ausdrücke depugnare und auctorare ep. 10, 32, 3 u. dazu Schm. p. 95.

Kap. 55. Die positive Verbindung tam-quam, die schon bei den Komikern nicht selten ist, fehlt bei Caes. und findet sich in den Supplementen nur § 2 unseres Kap. tam familiarem — quam Laterensem u. 59, 1 tam omnibus Caesarianis quam Pompeianis Longinum esse in odio — also nur in dem Bericht des Asinius Pollio über die span. Wirren. Damit stimmt es, dafs die negative Verbindung non tamquam sich ebenfalls im ganzen Corp. Caes. nur an einer Stelle findet, die den Pollio zum Verf. hat, nämlich b. g. 8, 23, 6 non tam pugnandi quam diffugiendi fuit utrorumque consilium. — nec diu moratur quin] bei den alten Dichtern war die Konjunktion quin nach den Verbis morandi Regel. vgl. Holtze II 177, Kienitz p. 15. Ebenso sagt Asinius Pollio in der Rede für Lamia bei Sen. Suas. 6, 15 itaque nunquam per Ciceronem mora fuit, quin ciuraret suas esse ... orationes in Antonium.

§ 3. qui profitetur indicium] das Verbum profiteri fehlt bei H., im bell. Al. nur hier und 59,1, cf. Poll. ep. 10, 31, 3 ei me profiteor inimicum.

§ 4. isdem cruciatibus adfectus] cf. Poll. ep. 10, 32, 5 supplicio adfeci, b. Afr. 87, 2.

Kap. 56, § 2 mixtam dolore voluptatem capiebat] das Verbum miscere steht nur an dieser einen Stelle im ganzen Corp. Caes. Das Poetische der Wendung erhellt aus Vergil. Aen. 10, 871 mixto insania luctu; 11, 807 laetitia mixtoque metu. — confectum bellum licentiam temporum ⟨superiorum⟩ intercludebat ist mit Fleischer zu schreiben; vgl. b. Afr. 54, 1 memor pristinae licentiae militaris ac rapinarum, 47, 2 more superiorum temporum. Hirt. hat weder licentia noch exprimere. — sic erat dubius animi] archaisch-poetisch, cf. Vergil. Georg. 3, 289. — § 3 ampliorem pecuniam] amplus fehlt bei Hirt., steht b. Afr. 22.4. 96, 2. — § 4. transmarina militia] beide Wörter fehlen bei H.; cf. Vell. 2, 59, 3 Hispaniensis militia. — magnum — maius] s. zu 48, 1. — creabat odium] Derartige Phrasen mit creare kennt weder C. noch H. — § 5. Mit his rebus confectis = 8, 46, 6, Al. 35, 5 scheint Hirtius eine längere Ausführung Pollios abgekürzt und abgeschlossen zu haben. — exercitum lustrat] = 8, 52, 1. — § 6 ist wieder pollionisch; inspicere = lustrare fehlt bei C. und H.; edictum proposuerat = Afr. 46 fin. edictum proponendum curant.

Kap. 57 ist von A—Z pollionisch.

§ 1 u. § 5 qui-fuerat] s. oben S. 40; legionem discessisse] = defecisse, s. oben S 36; signa tolli] s. zu 54, 2; die beiden Verbindungen castra habere und § 6 castra movere hat Hirt. nicht, erstere steht Afr. 34, 5. 76, 2, letztere 6, 1. 9, 1. 75, 2. — § 3 Hic cum legio XXX et XXI] Über legio st. legiones s. oben S. 36: hic gebraucht H. nicht temporal, dagegen b. Afr. 14, 3 hic cum Caesariani. — § 4. habito consilio u. § 6 habita contione] Beide Wendungen kennt H. nicht; letztere steht in den Briefen Pollios, s. oben S. 36; ebenso in **potestate retinere** S. 35. — § 5 **aut voluntate aut necessitate abductum**] nach Al. 35, 2 P non voluntate adductum sed necessitate wird auch an unserer Stelle adductum zu schreiben sein; **consentire cum Cordubensibus**, die Polliostelle s. oben S. 33. — § 6 **fidissimos**] das Adj. fidus gebraucht weder Caesar noch Hirt., sondern fidelis; es steht aufserdem im Corp. Caes. nur noch Afr. 79, 2 ebenfalls im Superl. fidissimus. Beachtenswert ist, dafs der Tragiker Accius 20 R ob **fidam** naturam sagt; **nullum periculum deprecaturos**] die Phrase gebraucht weder Caes. noch Hirt., aber Pollio ep. 10, 31, 3, cf. S. 33.

Kap. 58 zeigt am Anfang und am Schlusse einen deutlichen Eingriff des Hirtius: in § 1 stammt aus seiner Feder der Satz ne dissensionis **initium natum seditiosa** militum suaque natura videretur, wie hervorgeht aus Vergleichung von Al. 33, 2 ne qua rursus nova **dissensio per homines seditiosos nasceretur** u. Gall. 8, 6, 1 ne quod **initium** belli **nasceretur**. § 4 weist die Verbindung **neque tantum — sed etiam** (s. oben S. 19) wiederum auf Hirtius, vgl. auch **obviam prodit** mit 8, 51, 3 obviam procedit. Dagegen ist dem H. fremd der Gebrauch von **vires** (= Streitkräfte), **aeque** (in den Polliobriefen findet sich peraeque, cf. Schmalz p. 96), **potens**, **forsitan** (b. Afr. 25, 4. 61. 1, **communis** (b. Afr. 27, 2. 33, 1). **certe**, **prae se ferre** (prae se gerere Afr. 10, 3). Das Adjektiv **hostilis** (hostilis adventus 58, 4, hostili modo 59, 2) wendet weder Caes. noch Hirt. im VIII. Buche an (Al. 69, 2 ist zweifelhaft): es scheint ursprünglich mehr dichterisch gewesen zu sein, so sagt Acc. 4 R hostili sanguine, Ennius trag. 315 hostili manu. Plaut. Capt. 2. 2, 52 vis hostilis, häufig bei Vergilius, doch steht es auch bei Cicero und Sallust, z. B. Jug. 102. 12 hostilis animus. Ebenso wird nur von gewissen Schriftstellern gebraucht **hac, ea, qua mente** = hoc consilio. Hirt. u. Caes. z. B. bedienen sich dieser Formel nicht; sie steht im Corpus Caes. nur Al. 58, 2 qua mente; 63. 1 ea mente ut u. Afr. 14, 2 hac mente .. ut; aufserdem bei Cicero, wenn auch nicht eben häufig (Phil I § 6. har. resp. 33, Vatin. 30), Cornel. Nepos, s. Nipp. zu Conon 4.4: Hor. Sat. 2, 2, 90) hac mente quod. Über deprecaturque s. oben S. 51.

Kap. 59 zeigt uns fast lauter bereits bekannte und besprochene pollionische Wörter und Wendungen: tam-quam s. zu 55, 2: profitebatur s. zu 55, 3: praetorem appellarunt s. zu 48, 2; Bogudem s. oben S. 34: hostili modo s. zu 58. 4. Der Ausdruck § 2 loco excelso facit castra scheint sich zwar mit b. g. 8, 33, 1 II zu decken excelsissimo loco castra facit, doch möchte ich darauf hinweisen, dafs an der hirtianischen Stelle das Adjektiv excelsus voransteht (ebenso 8, 42. 2 u. Al. 31. 1) und dafs der auct. bell. Afr. an zwei Stellen in Übereinstimmung mit der unsrigen facit vor castra stellt. 7, 2 non longe ab oppido secundum litus facit castra: 76, 2 ad aquam facit castra.

Kap. 60 ist mit Ausnahme des letzten Satzes pollionisch. Derselbe lautet: crebroque uterque legiones in aciem educit: neque tamen confligitur propter locorum difficultates] vgl. Al. 31, 1 nec tamen multum profici propter locorum difficultatem (difficultates?): locorum difficultates findet sich aufserdem noch 8, 19, 6. 41. 3 — ist also ein spezifisch hirtianischer Ausdruck; auch des Adverbs crebro bedient sich Hirt. mit Vorliebe: 8, 18, 2. 44, 3. 52, 3. Al. 43, 2. 62, 3 crebro id accidit = 8, 17, 1 quod cum crebrius accidisset. Dagegen weicht von des Hirtius Sprachgebrauch ab die § 1 gebrauchte Formel rapinis, ferro flammaque, denn Hirtius sagt in dem erhaltenen Briefe an Cicero fragm. 160, 28 haec omnia quae funditus rapinis, incendiis, caedibus pervertuntur und b. g. 8, 25, 1 cum omnia caedibus, incendiis, rapinis vastasset. Die Abweichung liegt erstens darin, dafs im Gegensatz zu Cicero, der in dieser Formel nur caedes (Singul.) incendia gebraucht, an unserer Stelle — vielleicht in absichtlicher Opposition, vgl. Schm. p. 77 f. — ferrum flammaque eingesetzt ist; noch wichtiger aber ist der Unterschied, dafs an den beiden Hirtiusstellen in dieser Formel caedes im Plural erscheint, was durchaus nicht das Gewöhnliche ist; wir haben also zugleich in der Übereinstimmung dieses Sprachgebrauches ein nicht unwichtiges Zeugnis dafür zu erblicken, dafs Hirtius der Verf. des bell. gall. VIII ist, was ja trotz des Zeugnisses bei Sueton von manchen immer noch angezweifelt wird. — Aufserdem sind nicht aus Hirtius zu belegen: deformitas § 1] das Verbum deformare steht Al. 24, 2 P (vgl. Acc. 375 vastitudine iam deformatus), das Adj. deformis Poll. ep. 32, 3 (sämtliche Wörter fehlen auch bei Caes.); confligendi potestas] steht nur noch Al. 46, 4 P; carissimae possessiones] vgl. Afr. 91, 1 carissimae res, Poll. bei Quintil. 9, 2, 34 mater mea cum carissima tum dulcissima. — § 2 quod detrimentum ad eundem Caesarem esset redundaturum] redundare, ein mehr rednerisches Wort, steht nur hier im Corp. Caes. — § 4 complures novissimos interfecit] cf. Afr. 18, 2 novissimos adoriri; b. g. 8, 48, 3 P novissime. Hirtius braucht zwar in der epistula ad Balb. § 2 novissimum, vermeidet es aber später, wahrscheinlich infolge des Umgangs mit Cicero, der das Wort nur in einer seiner ältern Reden p. Rosc. Com. § 30 anwendet. Dagegen findet es sich bei Varro (r. r. 1, 2, 11), der l. l. VI 59 über seinen Gebrauch eine interessante Notiz giebt „novissimum quoque dici coeptum vulgo, quod mea memoria ut Aelius sic senes aliquot nimium novum (!) verbum quod esset vitabant". Caesar verwendet es bekanntlich mit Vorliebe als militär. t. t. zur Bezeichnung des Nachtrabes, und seine Anhänger übertrugen das Wort auch auf andere Verhältnisse; das Adverbium findet sich ebenfalls häufig bei den Caesarianern, Planc. ep. fam. 10, 17, 3. 24, 2; D. Brut. ep. fam. 11, 20, 1; aber auch schon bei Val. Antias frgm. 14. 58 Peter.

Auch in **Kap. 61** ist der Schlufs von § 5 an von Hirtius hinzugefügt worden; in wenigen Kapiteln können die Hirtianismen und Pollionismen durch so beweiskräftige Parallelen aus den authentischen Schriften von H. und P. belegt werden als gerade in diesem. Gleich in § 1 stofsen wir auf das passivisch gebrauchte expertus, das der Grammatiker Priscian ausdrücklich als pollionisch bezeichnet. Wir haben bereits oben S. 38 darauf hingewiesen, dafs Pollio überhaupt dem passiven Gebrauch von Deponentibus in Nachahmung der alten Sprache besonders zugethan war. Der alten Dichtersprache gehört auch der in § 2 und 4 vorkommende Ausdruck c a s t r a c a s t r i s c o n f e r r e an; zuerst findet er sich bei Ennius trag. 140 R. Pollio gebraucht ihn noch Afr. 48, 3, doch auch Caesar b. c. 3, 79, 3 (1, 81, 3 castra castris convertere) u. Hirtius 8, 9, 2; sehr häufig bei Livius, s. meine Abhandlung über solche „Substantivische Parataxen" im Archiv für latein. Lex. V (1888) Heft 2 p. 177 f. Pollio ist schon als Dichter Liebhaber dieser Parataxen, so sagt er Al. 23, 2 d e x t r a d e x t r a m tenens, wie Ovid und Vergil dextrae dextram iungere und coniungere sagen: b. g. 8. 48, 5 in der Commius-Episode equum coniungit equo. — Das Asyndeton n o c t u s i l e n t i o (Preufs über das 2 gliedrige Asynd. p. 57 ff.) kann nicht auffallen, da, wie schon oben bemerkt, Asinius Pollio die asyndetische Verbindung von Sätzen wie einzelnen Wörtern liebt, vgl. auch d e x t r a s i n i s t r a b. Afr. 78, 2, ein Asyndeton, das bereits Cato de r. r. 3 mal gebraucht; näheres s. zu Al. 37, 4. — v e r i t u s , ne genere quodam o b s i d i o n i s c l a u d e r e t u r] dagegen sagt Hirtius an zwei ganz ähnlichen Stellen des 8. Buches o b s e s s i o , näml. 34, 1 cum similem casum o b s e s s i o n i s v e r e r e n t u r u. 14, 1 veriti similem obsessionem Alesiae. — § 4 l o c o r u m q u e c o g n i t a n a t u r a] cf. b. Afr. 3, 3 natura loci perspecta, ib. 58, 2 perspecta natura loci. — q u o m a x i m e r e m d e d u c e r e v o l e b a t] Die Parallele aus Pollios Brief 31, 2 ist schon oben S. 33 mitgeteilt, desgleichen die aus ep. 32, 4 und b. Afr. 83, 1 für die Worte r e s i s t e r e i n c i t a t i s m i l i t i b u s n o n p o t e r a t S. 46. Hier soll nur für die Verbindung m a x i m e v e l l e noch auf b. Afr. 54, 2 maxime vellem*) und b. c. 3, 109, 1 P maxime vellet hingewiesen sein. Mit den Worten § 5 castellis

---

*) Die Worte ‚maxime vellem — sed quoniam', die hier der Verf. des b. Afr. am Anfange einer Rede gebraucht, legen ein beredtes Zeugnis ab für seinen Bildungsgrad wie Bildungsgang. Da diese Formel nämlich in genau derselben Fassung bei Cicero am Eingang der Sullana (vgl. Div. in Caec. § 43, Phil. IX § 1) und am Anfange der Rede des Philippus bei Sallust. Hist. I, 48, 1 D wiederkehrt, diese selbst aber ihr Vorbild bei griechischen Rednern hat, wie bes. Demosthenes Prooem. 33 μάλιστα βουλοίμην ἄν (mehr Stellen giebt Schnorr v. Carolsfeld, Über die

idoneis locis collocatis] setzt Hirtius ein = 8, 28, 2 turmas **idoneis locis** disponit, Al. 25, 2 navigiis **locis idoneis** statione dispositis. — operibus **in circuitu oppidi continuatis**] 8, 33, 2 in oppidi circuitum (circuitus fehlt b. Afr.); continuato opere Caes. b. c. 1, 62, 1. — **Cassium munitionibus clausit**] b. g. 8, 11, 1 locum munitionibus claudi. — § 6 **si pabulari frumentarique Marcellum non pateretur**] Al. 34, 1 neve Cappadociam possideri vastarique pateretur; charakteristisch ist dabei für Hirtius die Verknüpfung zweier Infinitive durch que (bei Caesar nur einmal b. c. 1, 19, 2 tegi dissimularique, bei Cicero häufiger, s. zu Reisig N. 466 m u. S. 890), vgl. noch Al. 23, 1 ut dimitteret regem **transireque ad suos pateretur** 27, 2 **superari delerique**; 45, 3 **subduci demittique**. — **magno fore impedimento**] = Al. 23, 2 nullius periculi timorem multitudini fore impedimento; **fore** sagt H. viel öfter als **futurum esse**.

Kap. 62 zeigt in bezug auf seine Komposition dieselbe Erscheinung wie viele andere Kapitel dieses Berichtes, dafs nämlich Hirtius — jedenfalls in zusammenfassender und kürzender Absicht — den Schlufssatz angefügt hat. Aus § 1 heben wir als pollionisch hervor: rex Bogud **cum copiis venit** u. § 3 **accedit cum copiis** Bogud] vgl. Al. 3, 3 P venisse cum copiis und Afr. 26, 1 cum copiis venisse. — Zur Form **auxiliariis** vgl. oben S. 36. — § 2 nonnullae civitates rebus Cassi studebant, plures Marcellum fovebant] **fovere** = **favere** ist poetisch und nachklassisch, cf. Vergil. Aen. 1, 281 Romanos fovere. Vgl. übrigens z. St. b. c. 3, 35, 2 Hegesaretes Pompeianis rebus studebat, Petraeus Caesarem enixe iuvabat: s. über diese Kapitel unten II. 3. — § 3. Das hirtianische **crebro id accidit** ist schon oben zu 60, 5 besprochen worden; auch der Schlufs unseres Kapitels **nec tamen unquam ab operibus depellitur Marcellus** ähnelt sehr dem jenes Kapitels; doch scheint der Ausdruck **ab operibus depellitur** aus Pollio herüber-

Reden und Briefe bei Sallust p. 64 f., so konnte dieselbe nur ein kunstmäfsig ausgebildeter Redner wie Asinius Pollio anwenden, nicht aber ein jedes rhetorischen Schliffes baarer „Feldwebel".

genommen zu sein, vgl. Afr. 39, 2 ab opere depellendos (milites) hostem propius accedere.

Kap. 63 zeigt von Hirtius' Hand nur kleine Modifikationen im Ausdruck, wie § 5 Anfang non tantum indutiis factis und § 4 die Erweiterung des Gedankens cum diu dubitasset Cassius, quid sibi faciendum quidve Lepido esset credendum durch ‚neque ullum exitum consilii sui reperiret (= 8, 44, 1 neque exitum consiliorum suorum animadverteret), si permaneret in sententia' (= 8, 22, 1. 43, 4; s. zu Al. 54 fin). Im Übrigen ist das Kapitel ausgeprägt pollionisch. Über ea mente, ut § 1 war schon oben zu c. 58, 2 die Rede, zu contentiones componere vgl. Poll. ep. 33, 3 bellum componere (Hor. ep. 2, 1, 8 und Schmalz p. 99) u. b. c. 3, 109, 1 P controversias componere; das Wort contentiones gebraucht Pollio im gleichen Sinne ep. 31, 5. — § 2 ne praeoccupatus animus Lepidi esset obsequio adversari] Diese von Friedersdorff zu Liv. 26, 28, 9 als spezifisch livianisch charakterisierte Stellung hat auch Pollio ep. 32, 5 exercitum conservatum reipublicae esse (Schm. p. 100); vgl. noch Al. 5, 1. 25, 5 P circumventus ab Alexandrinis est, b. c. 3, 112, 11. — Die Phrase praeoccupatus animus findet sich auch im Curiobericht b. c. 2, 34, 6. — Das Subst. obsequium steht im ganzen Corp. Caes. nur an dieser Stelle. — § 3 neque habet a Marcello quicquam divisi] divisum habere hat auch Livius, cf. Archiv f. Lex. II 405, der Genetiv in dieser Verb. ist nur durch unsere Stelle zu belegen, cf. Archiv II 520. — Ne pugnetur interdicit; ad exeundum Cassium invitat] interdicere ist bei Hirt. nicht nachweisbar, ebensowenig die Konstruktion invitare ad mit Gerundium, dagegen begegnet ad dimicandum invitare 2 mal im bell. Afr., c. 73, 4 und 75, 2. — neque opinantibus omnibus] Der Gebrauch dieses wirklich seltenen und archaischen Ausdrucks neque opinans in diesem pollionischen Abschnitte des b. Al. und im bell. Afr. 7, 5. 66, 1 (vgl. 37, 2 omnibus insciis neque suspicantibus) ist wohl einer der vollgiltigsten Beweise für die Identität des Verf. in jenen

Stücken des b. Al. und des b. Afr. (Caesar sagt inopinans, Cicero necopinans, wie auch der auct. bell. Hisp.). Und dafs aufser jenen Stellen (Al. 63, 5 und 73, 2 verlangen eine besondere Betrachtung) es nur noch einen Beleg aus einem (mit Unrecht verdächtigten) Briefe des M. Brutus an Cicero 1, 4, 4 giebt, des Freundes und Gesinnungsgenossen des Asinius Pollio (vgl. Schmalz p. 78), spricht ebenso sehr für Asinius Pollio als den Autor jener Stellen, wie für die Echtheit jenes Briefes. Wie wäre ein Fälscher gerade auf diesen seltenen, nur dem Asinius Pollio und seinem Freundeskreise angehörigen Ausdruck gekommen? .— si tamen in omnibus fuit Cassius] si tamen steht nur hier im Corp. Caes., ist poetisch (Ovid) und nachklassisch, vgl. für Plinius Kraut p. 35. — § 6 Quod nisi celeriter ... proelium esset diremptum, maior calamitas esset acceptum] Eine häufig wiederkehrende Formelhaftigkeit des Ausdrucks bei Pollio, vgl. Afr. 26, 3 quod nisi celeriter sociis foret subventum, 52, 4 quod nisi in noctem proelium esset coniectum ... equitatus funditus ad internecionem deletus esset; aus dem bell. Al. gehören hieher 11, 5 quod nisi nox proelium diremisset, tota classe hostium Caesar potitus esset.

Das Schlufskapitel dieses Abschnittes (c. 64) ist, wie sich nach dem ganzen hirtianischen Entwurf des bell. Al. schon von vornherein voraussetzen liefs, stark von der redigierenden Hand des Hirtius beeinflufst. Es macht besonders der Anfang § 1, von § 2 der erste Satz und der Schlufs (§ 3) den Eindruck, dafs Hirt. den ausführlicheren Bericht des Asinius Pollio bedeutend gekürzt und zusammengedrängt hat. Auf Pollio führe ich sonach nur zurück den die Mitte des Kap. einnehmenden Satz: De cuius adventu bis in potestatem cuiusquam veniret. In demselben findet sich der Relativsatz „quam secum habuerat" mit dem pollionisch gebrauchten Plusquamperf. st. Imperf. (cf. S. 40); zu equitatum in hiberna distribuit vgl. 8, 54, 4 P exercitui distribuit hiberna (Afr. 51, 1 legionibus opera distribuit). Nicht zu belegen aus Caesar und Hirtius ist die Redensart omnibus suis rebus celeriter correptis, dagegen aus Vergil. Aen. 1, 363 naves quae forte paratae corripiunt. — ut ipse praedicabat — ut amici eius dictitabant — ut ceteri existimabant] vgl. c. 55, 3 vere ut quidam existimant, ut nonnulli queruntur coactos. — ex infinitis rapinis] vgl. Afr. 1, 4 equitatus infinitus, 59, 5 infinita multitudo (doch auch Caesar und die übrigen Caesarianer). — in potestatem cuiusquam veniret] Gerne verwendet Pollio den Genetiv von quisquam, vgl. Afr. 3, 1 sine iniuria cuiusquam; in der Commiusepisode 2 mal in derselben Verbindung nunquam in conspectum cuiusquam Romani venire 8, 23, 6 und ne in conspectum veniat cuiusquam Romani 48, 9. — Für Hirtius ist besonders charakteristisch der überleitende Satz § 2 Sub idem tempus Trebonius proconsul ad provinciam obtinendam venit. Der Anfang ‚sub idem tempus‘ ist das untrügliche Merkmal dafür, dafs hier Hirtius spricht. Er markiert damit den Eintritt eines neuen Abschnittes seiner Erzählung Al. 26, 1 und 42, 1; vgl. noch 28, 1 und 40, 1. — In § 3 ist hirtianisch der Gebrauch des beschränkenden ut: ‚Progressus secunda ut hiberna tempestate‘, vgl. 8, 21, 4 magnum ut in tanta calamitate, commodum; zu nihilo periculosius ist zu vergleichen Al. 25, 1 nihilo firmiores aut languidiores.

Überblicken wir noch einmal den Bericht Pollios über die spanischen Wirren in der Form, welche er unter der Redaktion des Hirtius angenommen hat, so sind die Änderungen, die sich derselbe erlaubte, relativ sehr unbedeutend; sie erstrecken sich in der Regel nur auf den Schlufs der einzelnen Kapitel, waren also jedenfalls nur in der Absicht geschehen, um den Bericht über eine verhältnismäfsig doch weniger wichtige Begebenheit nicht allzusehr im Vergleich zu den übrigen Teilen des Werkes anschwellen zu lassen. Ob Hirtius bei der definitiv abschliefsenden Bearbeitung seines Kommentars denselben noch mehr gekürzt oder vielleicht sogar völlig umgearbeitet hätte, ist eine Frage, die man sich vorlegen, aber nicht beantworten kann. Jedenfalls ist der Umstand dabei in Berücksichtigung zu ziehen, dafs dieser Teil des Kommentars beim Tode des Hirtius bereits einen gewissen Abschlufs erreicht hatte, während z. B. der über den pontischen Krieg (cap. 34—41) nur am Anfang und Ende fertig gestellt, in der Mitte aber sehr lückenhaft und nur in skizzenhaften Umrissen angedeutet war.

2. Das achte Buch de bello Gallico.

Daſs A. Hirtius sowohl der Verfasser der Epistula ad Balbum wie des achten Buches de bello Gall. sei, dürfen wir aus den bereits eingangs unserer Untersuchungen erwähnten Anführungen bei Sueton. Caes. 56 mit Sicherheit schlieſsen. Es ist auch bereits darauf hingewiesen worden, daſs der in der ciceronischen Briefsammlung ad Atticum 15, 6, 2—4 erhaltene Brief des Hirtius an Cicero trotz seiner Kürze einige frappante Ähnlichkeiten mit Gall. VIII zeigt, wie besonders die Formel rapinis, incendiis, caedibus = 8, 25, 1; cf. S. 57. Aufserdem finden wir auch die für Hirtius charakteristische Form des Finalsatzes, von der schon oben zu Al. 51, 3 gesprochen wurde, § 2 ne quod calidius ineant consilium; die Phrase consilium inire steht 8, 16, 1. 44, 1. Al. 50, 1. 74, 3. Und wenn H., wie Cicero Phil. XIV 28 mitteilt, von Octavianus schreibt castra tutatus est secundumque proelium fecit, so hat er sich eines seiner Lieblingsausdrücke bedient, cf. 8, 45, 1. Al. 11, 4. 40, 1. 65, 3. Wie zwischen dem Briefe des Hirtius bei Cic. ad Att. und dem VIII. Buche, so lassen sich auch zwischen der Epistula ad Balbum und diesem Kommentare Ähnlichkeiten auffinden, so daſs die Identität der Verfasser dieser drei Schriftstücke auch auf diesem Wege Stützen empfängt. In erster Linie erwähnen wir die wohl nicht klassische Verbindung non quidem in § 2 der Epist. „ad exitum non quidem civilis dissensionis, sed‘, ebenso 8, 41, 5 non quidem quae moenibus aequaret, sed. Ferner findet sich suscipio mit dem Gerundivum verbunden im ganzen Corp. Caes. nur in der ep. ad B. § 3 quam invitus susceperim scribendos (commentarios) und 8, 52, 4 cum Caesaris causam defendendam suscepisset (bei Schmalz l. l. p. 90 fehlen diese beiden Stellen). Auf die eintönige Verbindung der Sätze durch das Relativum, die sich in gleicher Weise in der Ep. ad B. und im Kommentare, wie auch in den hirtianischen Partien des bell. Al. findet und ein Hauptcharakteristikum seines Stiles ist, hat bereits Kraner zu § 3 der Ep. aufmerksam gemacht. Erwähnung verdient auch, dafs das Partizip insequens = posterus, das im VIII. Buche so häufig begegnet, auch in der Ep. § 1 sich findet, während es im bell. Al. fehlt. Wenn wir kurzweg bell. Al. sagen, so verstehen wir hier darunter selbstverständlich nur die durch unsere Untersuchung als hirtianisch erwiesenen Teile. Die unlösbar scheinenden Widersprüche, die vordem zwischen der Sprache von Gall. VIII und bell. Al. bestanden und die Verfechter der Identität in so schlimme Verlegenheiten gebracht haben, haben sich uns, nun wir den Schlüssel kennen, in einfacher Weise gelöst. Gleichwohl finden auch zwischen den hirtianischen Partien des bell. Al. und Gall. VIII — wir sehen für jetzt von den weiter unten zu besprechenden pollionischen Bestandteilen ab — einige sprachliche Verschiedenheiten statt. Wie kommt es, dafs Hirtius in Gall. VIII z. B. invicem 4 mal (6, 4. 11, 2. 19, 1. 29, 1), insequens 5 mal (ep. Balb. § 2. 23, 1. 28, 1. 48, 10. 50, 4), novissimus 1 mal (ep. Balb. § 1) gebraucht, im bell. Al. keines dieser Wörter? Erinnern wir uns, dafs zwischen der Abfassung des VIII. Buches und der Inangriffnahme des bell. Al. einige Monate verflossen sein müssen, in denen H. das nötige Material teils sammelte und zusammenstellte, teils erst von auswärts erwartete, wie den Bericht Pollios aus Spanien; erinnern wir uns, dafs Hirtius mit seinem Kollegen Pansa und anderen Freunden gerade in jener Zeit viel bei Cicero deklamierte, ja förmlichen Unterricht nahm (vgl. Cic. fam. 9, 16, 7 Hirtium ego et Dolabellam dicendi discipulos habeo, cf. ad Att. 14, 12, 2; Quintil. 12, 11, 6 Pansam Hirtium Dolabellam in morem praeceptoris exercuit (Cicero) cotidie dicens audiensque; Sueton. de gramm. p. 121, 1 R Cicero Latine senior quoque (declamitavit) et quidem cum consulibus Hirtio et Pansa, quos discipulos et grandes praetextatos vocabat; vgl. Sen. controv. I praef. 61,16 K), so liegt der Schlufs sehr nahe, dafs derartige Abweichungen — soweit sie mit Ciceros eigenem Sprachgebrauch übereinstimmen — die Folge dieses Unterrichts gewesen sind. Nun kommt bei Cicero invicem an keiner Stelle vor (cf. Krebs-Schmalz Antib. s. v.), ebensowenig insequens in der Bedeutung von posterus, und von novissimus behauptet Gellius 10, 21, dafs es Cicero ‚observantissime' gemieden habe (doch findet es sich einmal in einer seiner älteren Reden p. Rosc. Com. § 30, vgl. oben S. 58). Wenn nun der Lehrer Cicero eine ausgesprochene Abneigung gegen diese drei Wörter hatte, ist es da nicht selbstverständlich, dafs dieselbe sich auch seinen Schülern mitteilte? Einen derartigen, nur im Delectus verborum erkennbaren Einflufs konnte der Unterricht Ciceros, auch wenn er von noch so kurzer Dauer war — denn schon Ende Januar zog Hirtius, noch nicht völlig von der schweren Krankheit, die er durchgemacht, wiederhergestellt, gegen Antonius ins Feld — wohl haben, aber kaum anzunehmen ist, dafs auch die ganze Art seines Vortrags plötzlich eine gewandtere, lebhaftere, frischere geworden sei; ein gereifter Mann wie Hirtius konnte wohl aus diesem Umgang ein und die andere Feinheit des ciceronischen Idioms sich aneignen, nicht aber — noch dazu bei der kurzen Dauer des Unterrichts — sein rednerisches Naturell völlig umändern. Und so ist es auch in der That nicht: die hirtianischen Partien des bell. Al. zeigen denselben schleppenden, eintönigen Periodenbau wie die des VIII. Buches, und die lebendiger und packender geschriebenen Abschnitte sind eben nicht hirtianisch, sondern cäsarianisch oder pollionisch.

Hirtius war keine scharf ausgeprägte schriftstellerische Individualität, etwa wie Asinius Pollio, sondern er gehörte zum Schlage der mäfsig begabten Caesarianer und läfst sich in manchen Punkten mit L. Munatius Plancus vergleichen. Bei beiden ist der Grundzug der Sprache cäsarianisch, aber durch den Umgang und Briefwechsel mit Cicero haben sie unwillkürlich Verschiedenes aus dessen Diktion angenommen. Doch können und wollen beide nicht diesen exklusiven

Klassizismus behaupten, bald schlüpft ein poetischer Ausdruck mit unter, bald ein mehr volkstümlicher. Aus dieser letzteren Quelle stammen hauptsächlich jene Wörter, die Cicero ängstlich vermied, die aber seine Zeitgenossen unbedenklich aufnahmen, wodurch sie in vielem Vorläufer der nachklassischen Latinität wurden. So gebrauchen H. und Plancus in sequens, das bei Livius so häufig begegnet; Plancus sagt ep. fam. 10, 8, 4 ad effectum consiliorum pervenire wie später Livius und Curtius, während die klassische Sprache dafür exitus sagt. An poetischen Floskeln finden wir bei Hirtius 8, 3, 1 rura colentes statt agricolae; 4, 1 brumalibus diebus; frustra: nam 8, 3. 5. Al. 29 fin. (Catull. 18,21, 7; Horaz Od. 3, 13, 6; Martial. 10, 35, 19).

Doch wir kommen zu der eigentlichen Aufgabe dieses Kapitels, zu der Loslösung derjenigen gröfseren und kleineren Zusätze, die sich Pollio vor der Hinausgabe des achten Buches erlaubte. Dasselbe war bis cap. 52 inclus. gediehen, es war also der von H. beabsichtigte Anschlufs an das bell. civile Cäsars noch nicht völlig erreicht. Dafs es aber den übrigen Kommentaren de bell. Gall. bereits angereiht war, sehen wir an der fortlaufenden Nummer, während die unvollendeten Fortsetzungen des bellum civile unter Separattiteln erschienen. Die Epist. ad Balbum, die dem Buche voransteht, hat er entweder geschrieben, als er das Material in der Hauptsache beisammen hatte und an die Ausarbeitung desselben ging (dafs diese Annahme trotz der Perfekta contexui und confeci möglich ist, hat Eufsner im Burs. Jahresbericht 1883 p. 137 mit vollem Rechte behauptet) oder nach Vollendung der ersten Abteilung (Gall. VIII), wie Schiller und Eufsner annehmen, vgl. oben S. 10. Dafs er jedoch diesen Kommentar nicht bereits vor seinem Tode publizierte, geht daraus hervor, dafs in der uns überlieferten Gestalt desselben sich die deutlichen Spuren fremder Redaktionsthätigkeit zeigen. Da dieselben aber auch am Schlusse des bell. civ. und am auffallendsten im bell. Al. hervortreten, so sind wir zu der Annahme genötigt, dafs der ganze litterarische Nachlafs des Hirtius von einem Freunde, der sich aus irgend welchem Grunde nicht nennen wollte, vor der Herausgabe einer Durchsicht und Ergänzung unterworfen wurde. Dafs dies Asinius Pollio war, wissen unsere Leser bereits, wie sie auch die Gründe kennen, die ihn bestimmen mochten, diese seine Mitwirkung an der Vollendung des hirtianischen Werkes der Mit- und Nachwelt zu verschweigen. Es ist sonach die Art der folgenden Untersuchungen der vorausgehenden entgegengesetzt. Während wir im vorhergehenden Abschnitt untersuchten, inwieweit Hirtius den ihm eingesandten Bericht des Asinius Pollio über die spanischen Unruhen modifizierte, ist es jetzt unsere Aufgabe, den Spuren der Redaktionsthätigkeit Pollios in den von ihm vorgefundenen hirtianischen Bruchstücken nachzugehen. Zunächst im achten Buche des bellum Gallicum.

Der erste pollionische Spracheigentümlichkeiten an der Stirne tragende Zusatz befindet sich in **Kap. 2** ‚eique adiungit legionem XI, quae proxima fuerat. Binis cohortibus ad impedimenta tuenda relictis reliquum exercitum in copiosissimos agros Biturigum inducit'. Der Gebrauch des Plusquamperf. im Relativsatz ist hinlänglich als pollionisch bekannt, s. S. 40, ebenso der Gebrauch des Distributivums für das Cardinale, s. zu ep. 33, 3; inducere = ducere findet sich noch b. c. 3, 112, 8 und Al. 5, 1 in pollionischen Stücken. Ein weiteres Kennzeichen ist die Zusammenstellung von relictis reliquum, man vergleiche nur Afr. 80, 5 classique parte ad Thapsum relicta reliquas naves iubet und Al. 39, 2 P quibus angustissimum intervallum frontis reliquit reliquis cohortibus in subsidiis collocatis. Diese Parataxe begegnet uns noch einmal im 8. Buche **Kap. 34 § 2** eo consilio probato proxima nocte duobus milibus armatorum relictis reliquos ex oppido Drappes et Lucterius educunt. Der ganze Satz ist nur eine Ausführung des vorhergehenden und haben wir in der genaueren Angabe der zurückgelassenen Mannschaften eine berichtigende Einschaltung Pollios zu erblicken. Aus diesem letzteren Beispiel kann man recht deutlich ersehen, wie kompliziert diese ganze Frage der Autorschaft ist und wie leicht eine Spracherscheinung das Urteil über ganze Partien irreleiten kann. Ohne jene Stelle im b. Afr. hätte man in dieser Zusammenstellung eine hirtianische Eigentümlichkeit sehen und folglich den einschlägigen Abschnitt im bell. Al. ebenfalls für hirtianisch halten müssen. Aber gerade dieser Abschnitt (c. 35—39) enthält soviel Unhirtianisches, dafs man sich wiederum einem von den vielen Rätseln gegenübersah, die nimmer auf ungezwungene Weise zu lösen waren, so lange man nicht die Beziehungen kannte, in denen der Autor des b. Afr. zum VIII. Buch de bell. Gall. steht. — In **Kap**. 5, 2 verraten sich die Worte tentoriorum tegendorum gratia als pollionisch durch das dem Hirtius fremde, im b. Afr. so häufige gratia; auch das Subst. tentorium findet sich im Corp. Caes. nur hier und Afr. 47, 6, tentoriolum nur Afr. 47, 5.

Um einige weniger belangreiche pollionische Änderungen am hirtianischen Texte zu übergehen, wenden wir uns zu den gröfseren Einschaltungen Pollios. Die erste bezieht sich auf einen Vorfall, der sich im Jahre zuvor abgespielt und den zu verschweigen Caesar (vgl. oben S. 11) für gut befunden hatte. Wir wissen aus des Pollio gewifs berechtigter Kritik der cäsarianischen Kommentarien (bei Suet. Caes. 56), dafs manches in denselben mit der Wirklichkeit nicht harmonierte (parum integra veritate), sowohl in den Erzählungen seiner eigenen Thaten als auch der seiner Unterfeldherrn, denen er etwas zu viel Glauben beimafs (temere crediderit). Die suetonische Notiz schliefst mit den Worten ‚existimatque rescripturum et correcturum fuisse'. Nun zu einer solchen nachträglichen Korrektur bot sich **Kap. 23** des VIII. Buches ein trefflicher Anlafs. Hirtius erzählt, dafs alle gallischen Häuptlinge sich unterwerfen und Geifseln stellen — excepto Commio, quem timor prohibebat cuiusquam fidei suam committere salutem. Daran knüpft nun Pollios Einfügung an mit ‚Nam superiore anno T. Labienus Caesare in Gallia citeriore ius dicente'] Dafs hier ein anderer schreibt als Hirtius, geht schon aus der Bezeichnung ‚Gallia citerior' hervor, denn Hirtius sagt immer Gallia togata c. 24, 3. 52, 1 u. 2; wer es aber ist, der an unserer Stelle Gallia citerior gesagt hat, belehrt uns c. 54, 3, wo es von derselben XV. Legion, die von H. c. 24, 3 erwähnt wird, heißt „quam in Gallia citeriore habuerat.' Wer gebraucht aber das Plusquamperfekt in dieser Weise für das Imperfekt — Antwort: unser alte Bekannte, Asinius Pollio. Jetzt befinden wir uns auf festem Boden und haben ein offenes Auge für die übrigen sich findenden Anomalien vom hirtianischen Sprachgebrauch. So beginnt c. 23 § 4 Quem quia non arbitrabatur] das einzige quia bei Hirtius im Gall. VIII und bell. Al.! Daß quia dem Pollio nicht fremd ist, haben wir zu cp. 31, 6 gesehen. — Über die singuläre Verbindung non tam-quam ist ebenfalls schon oben zu Al. 55, 2 gehandelt worden; ebenso ist das Adjektiv mortifer § 6 singulär im Corp. Caes. und harmoniert vortrefflich mit Pollios poetisierender Sprache. Die Schlußworte dieses Abschnittes „quo facto statuisse Commius dicebatur nunquam in conspectum cuiusquam Romani venire' decken sich mit c. 48, 9, allwo es wiederum von Commius heißt „unum illud orat, ut timori suo concedatur, ne in conspectum veniat cuiusquam Romani'. Nachdem nämlich Pollio im cap. 23 nachträglich des Commius Erwähnung gethan, hielt er es für notwendig auch von seinen späteren Schicksalen am gelegenen Orte zu sprechen, und das ist am Ende von **Kap. 46**. Hirtius schloß mit diesem Kapitel die Geschichte des Jahres 51, wie ganz deutlich hervorgeht aus den Worten „Paucos dies ipse in provincia moratus . . . . his confectis rebus ad legiones in Belgium se recipit.' Daran schloß sich unmittelbar cap. 48, 10 Scio Caesarem singulorum annorum singulos commentarios confecisse etc. — also der Anfang zur Überleitung in das bell. civile. Nun beginnt cap. 49 im deutlichen Anschluß an c. 46 fin. mit „Caesar in Belgio cum hiemaret.' Dazwischen fügt nun Pollio die Erwähnung der endlichen Unterwerfung des Commius. Die Naht ist noch gut erkennbar: in Belgium se recipit || hibernatque Nemetocennae. (c. 47) Ibi cognoscit Commium etc. Der Verräter ist das Verbum hibernare. Dasselbe findet sich nämlich im ganzen Corp. Caes. nur in diesem Abschnitt an zwei Stellen 46 fin. und 48, 1 — Hirtius sagt 49, 1 in Belgio cum hiemaret — und scheint ursprünglich mehr ein Ausdruck der landwirtschaftlichen Sprache gewesen zu sein, wenigstens finden wir das Wort in solchem Bezuge bei Varro de r. r. 1, 8, 6. 2, 2, 9. Dafs zwischen Varro und Pollio enge Beziehungen hinsichtlich der Sprache stattfinden, haben wir schon oben S. 25 angedeutet. Unter den späteren gebraucht Tacitus das Verbum 3mal in den Annalen. — Die folgenden Eigentümlichkeiten sind bereits bei früheren Erörterungen als Pollionismen charakterisiert worden, so **Kap. 47, 2** der Pleonasmus qui post illam vulnerationem, quam supra commemoravi (Hinweis auf cap. 23, 5!), semper ad omnes motus paratus suis civibus esse consuesset zu Al. 53, 1 semper Berones secum habere consuerat; der ungewöhnliche Gebrauch des Konjunktivs S. 41, wo zwei Belege aus dem b. Afr. gegeben wurden, von denen der eine 77, 1 sich genau mit unserer Stelle deckt qui — esse consuessent. Poetisch ist die Phrase ne auctor armorum duxque deesset, Hirtius sagt 21, 4 auctor belli. Ebenso wurde bereits zu cp. 33, 5 infesto itinere (in passiver Bedeutung = itinere infesto facto ‚gefährdet, unsicher gemacht‘, s. meine Note zu Rosc. Am. p. 191) infestis itineribus aus unserem Kapitel § 2 als weiterer Beleg beigezogen. Auch das Verbum comportare gebraucht Pollio im b. Afr. mit Vorliebe, während es Hirtius fremd ist, s. zu Al. 73, 1 P. — **Kap. 48** § 2. Über adiungere ad s. zu Al. 49, 3. — libentius facere] b. Afr. 7, 1. — Itaque dispositis insidiis saepius equites eius aggressus] = b. Afr. 95, 2 itaque celeriter insidiis dispositis cum prima luce adortus. — § 3. Über novissime s. oben zu Al. 60, 4. — longius producere] = Al. 38, 3 P. — conversoquo equo se a ceteris incautius permittit in praefectum] se permittere = se immittere „vom Reiter, der mit verhängtem Zügel auf den Feind losstürzt" steht nur hier im Corp. Caes. und ist überhaupt selten. Mit Pollio gemeinsam hat es der archaisierende Sisenna; Nonius zitiert s. v. permittere p. 162 aus Sisenna ‚multi praemissis armis ex summo se permitterent‘ und ‚et inde equum concitatum princeps ad hostium permittit aciem‘. In der nachklassischen Latinität begegnet der Ausdruck bei Liv. 40, 40, 5 permittite equos in cuneum hostium. —

§ 4 Faciunt hoc idem] schon besprochen zu Al. 54, 2: ebenso die bei Pollio beliebte Parataxe von Substantiven, hier ‚equum coniungit equo‘, zu Al. 61, 2 castra castris conferre. — § 5 lanceaque infesta] lancea findet sich nur hier im Corp. Caes. Auch den Gebrauch dieses Fremdwortes hat Pollio mit dem stilverwandten Sisenna gemein, Fragm. 21. 29. 71 Peter. Diese Vorliebe für Fremdwörter ist — wie schon oben p. 39 bemerkt — kein Zeichen von geringer Bildung, wie Fröhlich p. 23 annimmt, sondern ein Ingrediens der archaischen Stilart, wie denn viele von den ‚vocabula telorum, iaculorum gladiorumque . . item navigiorum‘, welche Gellius 10, 25 in historiis veteribus gelesen zu haben angibt, wie spari, lancea, lembus, phaselus, myoparones, sich gerade bei Sisenna finden. — femur traicit] s. zu Al. 52, 3. — § 7 vitae periculum aditurus] dieselbe Phrase Poll. ep. 31, 3. — obsidibus firmat] Pollio sagt lieber firmare als confirmare, vgl. Al. 37, 4 P cornua trinis firmabantur subsidiis (dieselbe Verbindung Afr. 9, 2 und Tac. Hist. 2, 83, 10. 4. 55, 19. Agr. 23, 5, der confirmare nur 4 mal anwendet, davon 2 mal im Dialogus, 1 mal in der Germ. — also in seinen Erstlingsschriften — und Ann. 15, 61, 11, dagegen firmare c. 84 mal!), s. zu Al. 50, 2; vgl. auch Fröhl. p. 55. — Das offene, wahrheitsliebende Wesen Pollios tritt in dem Schlufssatz deutlich hervor, in welchem unumwunden zugestanden wird, dafs des Commius Bitte ‚ut timori suo concedatur, ne in conspectum veniat cuiusquam Romani‘ deswegen Folge geleistet wurde, weil er nach den früheren Vorfällen in der That vollkommen Grund hatte der römischen Treue nicht allzusehr zu trauen.

Die zweite Einschaltung Pollios galt der Fortführung und Überleitung des hirtianischen Kommentars zum bellum civile Caesars. Dies geschieht in der Weise, dafs Pollio zunächst in **Kap. 53** (vgl. c. 23) einen der eben erzählten Entscheidung des Senates ähnlichen Vorfall aus dem vorhergehenden Jahre erzählt: Magnum hoc testimonium senatus erat universi conveniensque superiori facto] vgl. Al. 54 fin. secuti sunt factum superiorum. Kap. 54 und 55 enthalten dann die Erzählung der dem Ausbruch des Bürgerkrieges unmittelbar vorausgehenden Ereignisse.

Kap. 54 § 2 tamquam nihil timerent] Al. 36,5 P tamquam amicorum adventu; Hirt. gebraucht tamquam nicht, wohl aber velut. Über die Worte in § 3 quam in Gallia citeriore habuerat haben wir schon zu 23,3 gesprochen, desgleichen über die Phrase distribuere hiberna zu Al. 64, 2. Archaisierend ist § 5 sic enim existimabat] das auf den folgenden Acc. c. Inf. hinweisende sic liebt besonders Sallust, vgl. Cat. 51,15 equidem ego sic existimo und Iug. 14, 12 ego sic existimabam.

In Kap. 55 entspricht der pollionischen Redeweise der Dativ nulli erat dubium für nemini, vgl. Poll. bei Sen. suas. 6, 24 mortalium nulli (Schmalz p. 94), während Hirtius Al. 71, I sagt nemini erat ignotum, und das aus Hirt. nicht zu belegende Pronomen quisnam, dagegen aus b. Afr. 72,2 quonam modo wie Poll. ep. 33,3. Die letzten Worte quoad sibi spes aliqua relinqueretur iure potius disceptandi quam belli gerundi haben ein Analogon im bell. civ. 3, 107 P fin. ‚ostendit sibi placere regem Ptolemaeum . . . dimittere et de controversiis iure apud se potius quam inter se armis disceptare' und leiten am besten über zu den ebenfalls von Pollio ergänzten und zum bell. Al. hinüberführenden letzten Kapiteln des III. Buches de bello civili.

3. Das Bellum Alexandrinum im engeren Sinne, bell. civ. III, 108—112. bell. Al. 1—33.

Wenn Hirtius in der Epistula ad Balbum sagt ‚novissimumque imperfectum ab rebus gestis Alexandriae confeci', so verstand man diese Worte bis jetzt dahin, dafs man annahm, Hirtius habe das in den letzten Kapiteln des bell. civ. von Caesar angefangene, aber nicht mehr vollendete bell. Alex. in dem ersten Teile des sog. bell. Al. c. 1—33 zu Ende geführt. Diese Interpretation hat sich nach meinen Untersuchungen als unrichtig herausgestellt. Wir haben vielmehr den Ausdruck ‚imperfectum ab rebus gestis Alexandriae' so zu erklären, dafs die nach Caesars Tode vorgefundenen und in den Besitz des Hirt. übergegangenen Kommentarien de bell. civ. in ihrem letzten Teile ‚ab rebus gestis Alexandriae' unvollendet waren, d. h. nur bald gröfsere, bald kleinere Aufzeichnungen über den alexandrinischen Feldzug aufwiesen, welche in dem jetzigen Texte bei Kap. 104 beginnen und mit cap. 32 des bell. Al. endigen. Als Hirt. sich an die Ausarbeitung des bell. Al. (im weiteren Sinne) machte, kam es ihm bei dem ersten Entwurfe — denn über dieses Stadium kam er ja infolge seines überraschend schnellen Todes nicht hinaus — nur darauf an, die einzelnen Bestandteile dieses das III. Buch de bell. civ. fortzusetzen bestimmten Commentarius quartus vorläufig gegen einander ihrem Umfange nach scharf abzugrenzen. Deswegen arbeitete er von den Abschnitten, die nicht Selbsterlebtes enthielten, zunächst nur die Anfangs- und Schlufskapitel aus, die Detailausführung einer spätern Zeit vorbehaltend, ebenso verschob er auch die Verknüpfung des comment. quartus mit dem comment.

tertius, also die Vervollständigung der Schlufskapitel dieses Kommentars. So ist eigentlich der auf Hirtius entfallende Teil der Bearbeitung der capp. 1—33 des bell. Al. ein verhältnismäfsig geringer, wie dies aus den bereits oben S. 14 f. gegebenen statistischen Notizen zu ersehen war. Hirtius hat also nicht ganz offen gesprochen, wenn er in der Ep. ad Balb. sagt ‚quae bella quamquam ex parte nobis Caesaris sermone sunt nota', denn er verschweigt dabei — wenigstens was das bellum Alexandrinum anlangt — dafs dieses ihm auch ex parte von Caesar noch selbst scriptum vorlag. Aber Hirtius hat mit dieser Formulierung erreicht, was er wollte, nämlich dafs das bell. Al. im engeren und weiteren Sinne für sein Werk galt und noch dazu für eines, das an Frische und Beweglichkeit der Darstellung den cäsarianischen Kommentarien sehr nahe kam. Dem feinen Caesarkenner Nipperdey ist diese Verwandtschaft mit dem Stile Caesars nicht entgangen, wie aus seinem bereits S. 7 mitgeteilten Urteil über das bell. Al. p. 14 hervorgeht, allein von dem wahren Sachverhalt hatte er keine Ahnung, wenn er auch am Schlusse p. 15 die Ansicht ausspricht ‚in priore libri parte, quae est de rebus Alexandriae gestis, etiam Caesaris narrationi nonnihil videtur tribuendum'. Er witterte also recht wohl cäsarianische Diktion, aber getäuscht durch des Hirtius Wort sah er darin nur Reminiszenzen an Caesars mündliche Erzählung. Wie wenig er den wirklichen Sachverhalt ahnte, erhellt daraus, dafs er der von ihm verfochtenen Autorschaft des Hirtius zu liebe an zwei Stellen das in allen Handschriften überlieferte a nobis in a nostris änderte, obwohl dadurch die aktive Teilnahme des betr. Schreibers an den Ereignissen in signifikanter Weise dokumentiert wird.

Dafs die capp. 108—112 des III. Buches de bell. civ. manches von Caesars Schreibart Abweichende enthielten, hat schon B. Dinter gefunden und im Progr. Grimma 1876 p. 32—36 zu erweisen versucht. Aber darin ist er weit vom Ziele abgekommen, dafs er als den Verfasser dieser fünf Kapitel den Hirtius annahm und zugleich die eigentümliche Ansicht aussprach, dafs nur diese fünf Kapitel das wirkliche opus Hirtianum de bello Alexandrino repräsentierten, an dessen Fortführung und Vollendung er durch den Tod verhindert worden sei, während das unter dem Namen bellum Alexandrinum erhaltene Schriftstück einem andern unbekannten Autor angehöre. H. Schiller hat in einem zweiten Aufsatz Bl. f. d. bayr. G. W. 1880 p. 396—399 nachgewiesen, dafs Dinters Beweis durchaus nicht stichhaltig sei, indem in diesen Kapiteln gar manches stehe, was von des Hirtius Redeweise abweiche, wie z. B. subito 109, 1, während H. konstant repente sage, andererseits werde dem Caesar abgesprochen, was aus Caesar selbst zu belegen sei. Dafs nun aber in der That es mit diesen Kapiteln eine eigene Bewandtnis hat, mufs sich jedem aufdrängen, der den Anfang von cap. 108 und den Schlufs von cap. 112, etwa von § 8 an, liest. Wer den ersten Satz des cap. 108 liest ‚Erant in procuratione regni propter aetatem pueri nutricius eius, eunuchus nomine Pothinus‘, mufs das Gefühl haben, dafs hier ein neuer Abschnitt anhebt. Nun aber sind diese Verhältnisse bereits oben cap. 103 und 104 (§ 1 qui propter aetatem eius in curatione erant regni) auseinander gesetzt, so dafs Caesar nicht nötig hatte, cap. 108 in. noch einmal davon zu sprechen. Etwas anderes ist es, wenn wir annehmen, dafs gegen Ende von cap. 107 Caesars Darstellung anfing lückenhaft zu werden und hier also der Fortsetzer und Übernehmer des cäsarisch-hirtianischen Nachlasses — Asinius Pollio — den abgerissenen Faden aufnahm und weiterspann. Es erklärt sich dann auch die Verschiedenheit des Ausdruckes, cap. 104 hiefs es curatio, cap. 108 procuratio wie cap. 112, 12 procurator. Andererseits häufen sich in der zweiten Hälfte von cap. 112 die ἅπαξ εἰρημένα Caesariana in einer Weise, dafs man eben nicht mehr Caesar vor sich zu haben glaubt. So steht in § 8 in hoc tractu oppidi; habitandi causa (Caesar sagt nur incolere): inductus = ductus; § 9 insequentibus diebus; § 10 das uncäsarische sese traicere (= se conferre); § 12 in parte Caesaris (= in dem Stadtteile, den Caesar inne hatte); indicare. Dazu kommen noch Übereinstimmungen dieses Abschnittes nach Form und Inhalt mit den ersten Kapiteln des bell. Al., so dafs die letzteren nur als Ausführungen jener betrachtet werden müssen, wie wenn es z. B. 112, 9 heifst ‚has munitiones insequentibus auxit diebus' und die nähere Beschreibung dieser Befestigungsarbeiten Al. 1, 2 also eingeleitet wird: ‚interim munitiones cotidie operibus augentur' (vgl. b. Afr. 1, 5 interim in dies naves longae adaugeri). Von Wichtigkeit ist in dieser Beziehung Al. 4, 1, weil sich hier die einzige Stelle befindet, an welcher ausdrücklich mit ‚ut supra demonstratum est', auf das bell. civ. Bezug genommen wird. Kap. 4 beginnt mit den Worten ‚Interim dissensione orta inter Achillan .. et Arsinoen' und die Rückverweisung bezieht sich auf cap. 112 § 11 sed celeriter est inter eos (nämlich Arsinoe und Achillas) de principatu controversia orta, quae res apud milites largitiones auxit (vgl. Al. 4, 2 largitionem in militem anget). Weist schon die gesperrte Stellung von est .. orta auf Pollio hin (vgl. S. 52), so noch mehr der Ausdruck, denn im b. Afr. 95, 3 lesen wir wiederum paucis post diebus dissensione in exercitu orta. Als spezifisch pollionisch haben wir bereits aus ep. 32, 1 (Schm. p. 98) se traicere kennen gelernt, und dafs auch Pollio insequens = posterus sagte, ersehen wir aus der namentlichen Aufführung bei Charis. I. p. 134, 3 K. Asinius Pollio ad Caesarem (jedenfalls in einem Briefe) ‚insequenti die'. Die nähere Betrachtung der in Frage stehenden Kapitel wird auch diese unsere Aufstellung noch mehr bekräftigen.

Zuvor jedoch sei es gestattet auf bereits in früheren Blättern Besprochenes in diesem Zusammenhang zurückzukommen. Wir haben an verschiedenen Orten auf die auffallende Erscheinung hingewiesen, dafs in keinem der im Corp. Caes. enthaltenen Kommentarien des Asinius Pollio Erwähnung geschieht, obwohl er, wie wir aus Plutarch und Appian wissen, an verschiedenen Ereignissen hervorragenden Anteil genommen hat, so an der Beratung vor dem entscheidenden Übergang über den Rubicon, an der Schlacht bei Pharsalus und am Bagrada. Es wurde auch schon erwähnt, dafs er zu den wenigen gehörte, die sich aus der Niederlage am Bagr. durch Flucht retteten. Der zweite Teil des II. Buches de bell. civ. c. 23—44 ist der Schilderung dieser unglücklichen Begebenheit gewidmet.

Wer anders soll dem Caesar den Bericht hierüber gemacht haben, als Asinius Pollio? ob Caesar ihn genannt hatte oder nicht, und Pollio erst später die Tilgung des Namens vornahm, wissen wir nicht, jedenfalls wollte er nicht genannt sein — aus leicht begreiflichem Grunde, er wollte seine Flucht nicht der Nachwelt überliefern. Meiner Ansicht nach liegt also diesem Abschnitt des bell. civ. der pollionische Bericht zu grunde; die eingehendere Untersuchung dieser Frage, wie überhaupt der redaktionellen Teilhaberschaft Pollios am bellum civile behalte ich mir für eine andere Gelegenheit vor; hier mache ich nur auf folgende den Lesern bereits meist als Pollionismen bekannte Eigentümlichkeiten aufmerksam. Der Bericht beginnt c. 23, 1 mit ‚Isdem temporibus', wie der Bericht über die spanischen Wirren Al. 48, 1; 25, 7 temporis puncto (noch 2, 14, 4) steht auch Afr. 15, 3. 18, 5; 27, 2 treffen wir nach poll. Manier das Plusquamperf. habuerant; 31, 7 quo maiorem licentiam habeant, qui peccare conentur, vgl. Afr. 85, 8 und zu Al. 50, 2; 33, 3: Varus Attius, zur Stellung s. S. 36; 34, 6 praeoccupatus animus = Al. 63, 2 P.; 41, 2 dumtaxat nur hier bei Caesar, aber Afr. 87, 3. 90, 1. — In irgend einer Weise von Pollio beeinflufst erscheinen mir auch im III. Buche die capp. 30—35. Ich denke mir, dafs diese Kapitel von Caesar lückenhaft hinterlassen waren und von Pollio vervollständigt wurden. Nur so kann ich mir erklären, dafs sich in völlig abweichender Weise von Caesars sonstiger Diktion c. 30, 4 quia findet und 31, 2. 32, 6 die Verbindung insequens annus, die Caesar ganz fremd ist; auch das mehr poetische Adjektiv differtus 32, 4 wird sonst nicht aus Caesar belegt. Von den Anfangsworten des cap. 31 ‚His temporibus Scipio detrimentis quibusdam circa (im ganzen Corp. Caes. findet sich sonst circa nur noch b. Afr. 82, 1 hostes circa vallum trepidare, denn b. c. 1, 14, 4 lesen die Hss. contra, während Caesar an 20 Stellen circum sagt, vgl. Archiv f. Lex. V 295) montem Amanum acceptis imperatorem se appellaverat' war schon oben S. 28 die Rede, desgleichen von dem Schlusse des cap. 35 zu Al. 62, 2.

Kehren wir nun wieder zu den Schlufskapiteln des 3. Buches zurück, so lassen sich bereits in Kap. 104 Spuren pollionischer Einschaltungen erkennen. So kann kein Zweifel sein, dafs in § 3 die doppelten Deminutiva **naviculam parvulam** Caesar nicht gebraucht haben kann (vgl. Fischer, die Rektionslehre II. p. 27 N), wohl aber stimmt diese Ausdrucksweise vorzüglich zu den aus dem bell. Afr. bekannten und oben S. 38 besprochenen **causula parvula** 54, 1, **lapillus minutus** 27, 1 und besonders **navigiolum parvulum** 63, 1. Die kurz vorhergehenden Worte ‚quod apud eum **ordinem duxerat**‘ gleichen auf ein Haar b. Afr. 45, 3 apud quem ordinem duxi. Um anderes weniger Sicheres zu übergehen, halte ich den Schlufs von c. 107 für pollionisch im Vergleich mit Pollios Schlufsworten von Gall. VIII, s. oben S. 73. In **Kap. 108** hat Pollio die beiden ersten Paragraphen eingefügt, gewissermafsen als Einleitung in die alexandrinischen Thronstreitigkeiten, daher die Wiederholung aus c. 104. — § 1 **is primum — deinde**] über die pollionische Verwendung dieser Partikeln s. oben S. 34. — **adiutores quosdam — nactus**] adiutor steht auch ep. 33, 2, häufig bei Velleius; über nactus s. S. 33. — **cuius supra meminimus**] meminisse = mentionem facere sagt weder Caesar noch Cicero (vgl. Krebs-Schmalz Antib. s. v.), aber Sueton, Plin. epp. Quintil. Es ist also in in diesem Gebrauche Asinius Pollio der Vorläufer der Nachklassiker. — § 2 **hunc incitatum⟨a⟩ suis et regis inflatum pollicitationibus**] liest Dinter. Vergleicht man Gall. 8, 12, 6 inflantur atque incitantur hostium animi, so scheint diese Parallele die Hypothese von des Hirtius Autorschaft für diese Kapitel trefflich zu stützen, allein beide Stellen sind kritisch nicht sicher; cap. 108, 2 klammern Madvig (Advers. II, 280) und Kraner **incitatum** ein, Forchhammer **inflatum** (in D paulo recentiore manu suppletum), an der Hirtiusstelle liest Dübner **inflammantur** (inflantur haben sex ∆). Erwägt man aufserdem, dafs H. **pollicitatio** an keiner Stelle hat, dagegen Asinius Pollio ep. 32, 4 sagt ‚non destitit legiones litteris atque infinitis **pollicitationibus incitare**. Nec vero minus Lepidus ursit me et suis et Antonii litteris' — so wird man, denke ich, nicht mehr lange zwischen Hirtius und Asinius Pollio schwanken, sondern an unserer Stelle nach jener Parallele schreiben ,hunc incitatum suis et regis pollicitationibus'. Hirtius hätte, nach Al. 71,1 (crediturum suis promissis) zu schliefsen, gesagt inflatum promissis, wie Cic. Mur. 49 inflatum collegae mei promissis; s. zu Al. 71.1. — Der übrige Teil des Kapitels über das Testament des Ptolemaeus ist cäsarianisch; auf dasselbe nimmt Hirtius Al. 33,1 Bezug.

Kap. 109 ist der Anfang und Schlufs pollionisch, die Mitte cäsarianisch. — § 1. Über maxime vellet s. oben S. 59, ebenso über controversias componere S. 61. — equitatus omnis venire Alexandriam nuntiatur] Pollio gebraucht die Konstruktion des Nom. c. Inf. mit Vorliebe und mit mehr Freiheit als die Klassiker. Deswegen möchte man ihm auch den Schlufssatz von cap. 105 palma ex pavimento extitisse ostendebatur zuschreiben; vgl. Afr. 20, 2 cuius copiae legionum VIII et equitum III milium esse nuntiabantur. Al. 26, 2 und 51.1 existimabatur, Al. 6, 3 illa inferior (aqua) corruptior salsiorque reperiebatur. — nequaquam steht in ep. Poll. 31 § 1 u. 2. — Mit relinquebatur ut (vgl. b. c. 3, 44, 2. 1, 29, 2; 63, 2. 79, 4; b. g. 5, 19, 3) beginnt ein cäsarianisches Bruchstück, das sicher bis § 6 incl. reicht. Der pollionische Zusatz lautet ,magnamque (so alle guten codd., magnam nur ein schlechter) regium nomen apud suos auctoritatem habere existimans et ut potius privato ... consilio susceptum bellum videretur'. Die für Caesar unmögliche Korresponsion que — et liefse sich an dieser Stelle für Pollio halten durch Vergleichung von Afr. 72, 4 speciemque et virtutem bestiae; 93, 3 seque et sua omnia (aus Livius, Sallust, Velleius giebt Belege Nipp. p. 20) — allerdings werden hier, Wörter, dort Sätze verbunden, aber vielleicht beabsichtigte Poll. gerade durch diese Korresponsion die formelle Inkonzinnität der die beiden verschiedenen Beweggründe Caesars angebenden Satzglieder ,existimans — et ut videretur' zu mildern, vgl. Held z. St. Die nicht so seltene Korresponsion zweier Satzglieder durch et — que begegnet Afr. 72, 5 nam et milites bestias manibus pertractabant . . . equitesque in eos pila praepilata coniciebant.

Kap. 110 scheinen § 1 u. 2 Pollio zu gehören, das übrige Caesar.

§ 1 Erant cum Achilla copiae, ut neque numero . . . contemnendae viderentur] das konsekutive ut ohne vorausgehendes tales oder eiusmodi klingt etwas hart. Die Verwendung der Litotes non contemnendus zu militärischen Ausdrücken ist neu und dem Caesar fremd; zuerst findet sie sich bei Planc. ep. fam. 10, 24, 6, am häufigsten ist sie bei Livius (und Ammian), vgl. Weyman, Studien über die Figur der Litotes p. 541, was den Rückschlufs auf den pollionischen Gebrauch gestattet (Vergil. Aen. 10, 737 pars belli haud temnenda, Tacit. hist. 3, 47 haud temnenda manus).

§ 2 qui iam in consuetudinem Alexandrinae vitae ac licentiae venerunt] Die Phrase in cons. venire kennt Caesar nicht, dagegen findet sie sich Al. 3. 3 P. populum Romanum paulatim in consuetudinem eius regni occupandi venire.

Kap. 111. Für nicht cäsarianisch halte ich § 1. Das Simplex fidens gebraucht sonst Caesar nicht; dagegen stimmt es zu Pollios Sprachgebrauch, der signare für obsignare sagt Afr. 3, 4. 4, 4 und firmare für confirmare (cf. oben S. 72); das Wort ist vorzugsweise poetisch (fidens gebraucht Vergil absolut Aen. 2, 61 fidens animi; 11, 370, doch steht es auch bei Cicero. z. B. Lig. § 13 fidentes). — primo impetu domum eius irrumpere conatus] vgl. Afr. 29, 2 oppidum vi irrumpere conabatur. — Der Rest des Kap. ist echt cäsarianisch, ich verweise nur auf die ungenaue Bezeichnung der Pharsalischen Schlacht durch proelium in Thessalia factum wie c. 100, 4. 101, 5 (s. oben S. 47), auf die Caesar geläufige Phrase § 6 sed rem obtinuit Caesar, vgl. b. g. 7. 85, 3. b. c. 1, 72, 3.

Kap. 112 ist, wie schon oben erwähnt, gröfstenteils von Pollio ergänzt, infolge dessen sind auch die Konkordanzen zahlreicher und leichter nachzuweisen. Auf Caesar führe ich nur zurück § 2. 4—7.

§ 1 Pharus ... mirificis operibus extructa] das Adj. mirificus findet sich bei C. an keiner Stelle, dagegen steht es im bell. Afr. 4mal, darunter cap. 88, 5 in derselben Verbindung wie an unserer Stelle ‚Uticam mirificis operibus munierat'. — § 3 In hac sunt insula ... quaeque ibi cunque naves] Derartige Sperrungen sind bei Pollio nicht selten, vgl. oben S. 52. Die Tmesis quicunque ist besonders den Dichtern geläufig, findet sich aber auch bei Cicero, aber nicht bei Caesar, vgl. Neue Formenl. II p. 240 f.

§ 8. In hoc tractu oppidi] tractus = regio ist vorwiegend poetisch und nachklassisch, fehlt bei Caesar. — habitandi causa] Caesar sagt nur incolere, dagegen b. Afr. 87, 3 ibi custodiis circumdatis habitare plebem coëgerat. — in quam erat inductus] So steht inductus = ductus nur noch 8, 2, 2 P. und Al. 5, 1 P. — § 9 Has munitiones .. auxit] vgl. Al. 1, 2 munitiones cotidie operibus augentur: insequentibus diebus] vgl. die Anführung aus Charisius oben S. 77. — § 10 ad Achillam sese ex regia traiecit] der Ausdruck ist ebenfalls bereits S. 77 besprochen: ebenso § 11 sed celeriter est inter eos de principatu controversia orta, quae res apud milites largitiones auxit. — § 12 in parte Caesaris = Al. 6, 1. 7, 2. — hortareturque] s. hierüber S. 51. — indicatis deprehensisque internuntiis] indicare steht nur an dieser einzigen Stelle im ganzen Corp. Caes.

Die Worte ‚Haec initia belli Alexandrini fuerunt' bilden die Brücke zu dem Commentarius IV. de bello civili.

Bell. Alex. capp. 1—33.

Wir werden bei diesem Abschnitt, dem schwierigsten von allen, weil bei der Thätigkeit dreier Hände das Eigentum der einzelnen Schriftsteller gegenseitig nicht immer scharf abzugrenzen ist, in der Weise verfahren, dafs wir in jedem Kapitel zuerst den cäsarianischen Grundstock, wenn ein solcher vorhanden ist, ausheben und daran die denselben ergänzenden und erweiternden Ausführungen des Hirtius und Pollio anschliefsen. Natürlich können nur die für jeden Schriftsteller charakteristischen Wörter und Wendungen als Belege seines Idioms gegeben werden.

Kap. 1. Auf Caesar geht zurück § 5 bis Schlufs: illud spectans ut] haec spectans b. c. 3, 85, 2. — acies uno consilio atque imperio administraretur] uno consilio b. c. 1, 29, 5; communi consilio bellum administrare b. g. 5, 11, 8; vgl. 7, 76, 4. b. c. 3, 14, 2. — ut laborantibus succurri posset] ebenso 21, 3. beliebte cäsarianische Phrase, fehlt bei Hirt.; b. g. 7, 85, 1 laborantibus submittere. ib. 70, 2. 86, 1; succurrere labor. b. c. 2, 6, 2; vgl. noch b. g. 1, 52, 7. 4, 26, 4. 5, 44, 9. 7, 13, 1. b. c. 3, 64, 1. — imprimis ut] imprimis ne b. g. 3, 10, 2. 7, 45, 8. — copiam exiguam] sed eius (ferri) exigua est copia b. g. 5, 12, 5. — alterius nullam omnino facultatem habebat] neque ullam facultatem habere navium b. g. 3, 9, 6; cuius rei summam facultatem habebant b. g. 3, 12, 3, vgl. b. c. 3, 14, 1 (die Phrase fehlt bei H. und P.); nullam omnino] noch 19, 5 nulla omnino scapha, b. c. 2, 32, 11 nulla omnino nave desiderata, die Verbindung nullus omnino fehlt bei H. und P.

Der Anfang des Kap. ist hirtianisch: Bello Alexandrino conflato] 8, 6, 1 nullum summum bellum conflare. Die Phrase kennt weder C. noch P. Der erste Satz ist eine speziellere Ausführung von 3, 112, 6 dimisit circum omnes propinquas provincias atque inde auxilia evocavit. Über die hirtianischen Wörter accersere und auxilia adducere s. zu Al. 26, 1 und 51, 3. Desgleichen stammt von Hirtius § 4 die Überleitung zu Caesars Aufzeichnung in § 5: ut quam angustissimam partem oppidi palus a meridie interiecta efficiebat, hanc] 8, 10, 2 inter bina castra palude interiecta; zur Korrelation vgl. 2, 4 quae — has.

Dem Pollio gehören § 2 und 3 als speziellere Ausführung seiner Worte 3, 112, 9 has munitiones insequentibus auxit diebus. Die Einschaltung beginnt mit den Worten Interim munitiones cotidie operibus augentur] wie Afr. 1, 5 Interim in dies naves longae adaugeri.

Kap. 2 zeigt in § 1 ein Fragment Caesars: Neque vero Alexandrinis in gerendis negotiis cunctatio ulla aut mora inferebatur] die Partikelverbindung neque vero findet sich nur im 1. Teile des b. Al. 15, 8. 18, 1, überhaupt nur in den cäsarianischen Kommentarien; man vergl. mit unserer Stelle die ihr auf ein Haar ähnliche b. c. 3, 75, 3 neque vero Pompeius cognito consilio eius moram ullam ad insequendum intulit; ib. 77, 3 primi diei mora inlata. Hirtius sagt Al. 44, 4 moram iniungere. Auch sagt H. nicht negotium gerere, sondern rem gerere; für Caesar vgl. b. c. 3, 97, 1 negotii gerendi facultas, b. g. 3, 18, 5 negotii bene gerendi occasionem amittere. — magnumque numerum in oppidum telorum atque tormentorum convexerant [et innumerabilem multitudinem adduxerant]. § 2 Nec minus in urbe maximae armorum erant institutae officinae] b. c. 1, 34, 5 frumentum ex finitimis regionibus . . in urbem convexerant; armorum officinas in urbe instituerant; muros, portas, classem reficiebant. Die eingeklammerten Worte hat Hirtius eingeschaltet, um damit seinen gröfseren Einschub in § 2 und 3 vorzubereiten. Caesar gebraucht das Adjektiv innumerabilis an keiner Stelle, dagegen ist es ein Lieblingswort Ciceros, so innum.

mult. p. red. in sen. § 12 und Sest. § 125; also wird der Gebrauch des Hirtius auf seinen oben besprochenen Umgang und Unterricht bei Cic. zurückzuführen sein. Wie adducere ist auch multitudo im Sinne von „Menschenmasse" (oft = exercitus) ohne einen Zusatz dem H. sehr geläufig, wie er denn § 3 fortfährt Hac multitudine disposita (auch disponere ist bei H. sehr beliebt, vgl. Preufs s. v.). Ein anderer ciceronischer und dem Caesar fremder Ausdruck ist in demselben § „in celeberrimis urbis locis'] das Adjektiv celeber steht hier an der einzigen Stelle im ganzen Corp. Caes., aus dem häufigen Gebrauch bei Cic. erwähne ich nur Verr. II 159 in celeberrimo urbis loco, welche Stelle der unsrigen auch in der Stellung des Genetivs völlig entspricht. — ad auxilium ferendum] 8, 27, 1. Al. 44, 1. 54, 2. Caes. sagt b. g. 3, 18, 4 auxilii ferendi causa. Im Anschlufs an § 2 nec minus — erant institutae officinae stand die cäsarianische Notiz § 4 omnibus viis atque angiportis triplicem vallum obduxerant] b. c. 3, 63 duplicem eo loco fecerat vallum: obducere steht b. g. 2, 8. b. c. 3, 46. Die Verbindung angiportis atque viis habe ich durch Emendation hergestellt b. c. 3, 70, 1 statt des hss. angustis portis atque his, die Ausgaben angustiis [portis] atque his a Caesaris militibus occupatis; die ausführliche Begründung dieser Emendation habe ich im Archiv für latein. Lexikogr. V (1888) S. 139 f. gegeben. — Den Schlufs des Kapitels bildet eine eingehendere Schilderung der Fortifikationsarbeiten: man vergl. damit die ähnlichen Schilderungen des Hirtius 8, 9, 3 ff. und 41, 5. Erwähnen will ich, dafs Caes. b. c. 2. 41. 3, 102 sagt quamcunque in partem, dagegen Hirt. an u. St. mit Sperrung in quamcunque erat visum partem.

Kap. 3 § 1 enthält das unsere Ansicht von dem Vorhandensein cäsar. Fragmente und deren Benützung durch Hirtius aufs stärkste stützende Fragment:

Ipsi homines ingeniosi [atque acutissimi], quae a **nobis** fieri viderant, ea sollertia efficiebant, ut nostri illorum opera imitari viderentur et sua sponte multa reperiebant [unoque tempore et nostras muniliones infestabant et suas defendebant] hier wie 19,6 bieten sämtliche Hss. a nobis, und es war ein der Autorschaft des Hirtius zu liebe geschehener Gewaltakt Nipperdeys, dasselbe zu ändern in a nostris. Vielhaber p. 547 ff. hat sich dagegen mit Recht aufgelehnt. Dinter ist ihm darin gefolgt und hat an beiden Stellen die Lesart der Hss. beibehalten. Für Caesar zeugt aber auch seine eigene Sprache, vor allem der Gebrauch von efficere im Sinne von imitari, man vgl. nur b.g. 7, 22, 1 ut est summae genus sollertiae atque ad omnia imitanda et efficienda, quae a quoque traduntur aptissimum und b. c. 3, 48, 1 id (genus radicis) ad similitudinem panis efficiebant (vgl. unser ‚nachmachen‛). Man wollte an den beiden Caesarstellen effingere für efficere einsetzen, unsere Stelle stützt diesen Gebrauch v. efficere trefflich. Die eingeklammerten Worte sind pollionische Zusätze. Früher schrieb man ingeniosissimi atque acutissimi, obwohl die besseren Hss. ingeniosi bieten, weil man sich an der Verbindung der ungleichen Grade stiefs. Allein es scheint eine von den pollionischen ‚Härten‛ — wenigstens seiner ersten Stilperiode — gewesen zu sein, derartigen inconcinnen Verbindungen nicht aus dem Wege zu gehen, wie b. Afr. 56, 3 illustriores notissimique (c. 22, 3 clarissima notissimaque, ep. 32, 3 notissimum hominem) beweist. Zudem läfst sich an unserer Stelle die Hinzufügung des Superl. zu ingeniosi auch dadurch entschuldigen, dafs den Adj. auf — osus vermöge ihrer Endung von Haus aus der Wert eines Superlativs innewohnt. Eine schlagende Parallele hiefür bildet eine Stelle aus einem Briefe des Decimus Brutus bei Cic. ep. 11. 19 seditiosum et inertissimum, wo allerdings auch Bake Mnem. 2, 422 ändern wollte. Hat sich doch selbst Cicero in solchen Fällen, wo das eine Adjektiv seiner Bedeutung nach gleichwertig einem Sup. ist, nicht gescheut Pos. und Sup. zu verbinden, wie p. Tull. 14 agrum integrum atque ornatissimum, ep. fam. 8, 3, 1 certum ac iucundissimum negotium. — Die Verba suggerere am Anfang und infestare am Schlusse von § 1 stehen nur an diesen beiden Stellen im Corp. Caes., und ihr Vorkommen bei Dichtern und in nachklassischer Prosa weist deutlich auf Pollio hin. Auch das Folgende bis zum Schluſs ist Pollios Ergänzung; über das bei H. fehlende Wort contio (§ 2) s. oben zu Al. 52, 1. 57, 6; über die Phrase in consuetudinem venire zu b. c. 3, 110, 2; über venisse cum copiis (§ 3) zu Al. 62, 1. 3; neque morte Pompei quicquam profectum] Afr. 82, 4 nec quicquam proficerent, vgl. noch 43, 1. 91, 3. 93, 3. In Gall. VIII. gebraucht Hirtius das Verbum nicht ein einzigesmal; wenn es also im bell. Al. an einigen Stellen uns begegnen wird, werden wir ciceronischen Einfluſs anzunehmen haben; über transmarinus § 4 s. zu Al. 56, 4.

Zu den folgenden Kapiteln lagen nur sehr spärliche Notizen aus Caesars Feder vor: Hirtius wird aus diesem Grunde deren Ausarbeitung auf spätere Zeit verschoben haben. Daſs von Hirtius diese Kapitel nicht stammen, beweist schon die vorwiegend demonstrative Satzverbindung; 4, 2 hoc occiso; is suscepto officio; 5, 2 hac uti; hoc tamen flumen; 6, 1 hoc probato consilio; ib. hanc fundere; andrerseits läſst sich vieles für den pollionischen Ursprung derselben geltend machen.

Über die Anfangsworte von cap. 4 Interim dissensione orta ... ut supra demonstratum est ist zu der vom Autor verwiesenen Stelle 3, 112, 10 gesprochen worden, desgleichen über largitionem in milites auget zu 3, 112, 11. Dagegen schlieſse ich das Vorhandensein bruchstückartiger von Caesar hinterlassener und von Pollio zu einer zusammenhängenden Darstellung verwobener Notizen aus den Worten cum uterque utrique insidiaretur. Die Parataxe uterque utrique ist nämlich in der besseren Latinität selten, findet sich aber nach dem Vorgang des Terenz und Varro auch bei Caes. b. g. 7, 35, 1 cum uterque utrique esset exercitus in conspectu. Man hat zwar dem Caesar diese ‚unlogische Verdoppelung' nicht zutrauen zu dürfen geglaubt, aber was Varro geschrieben hat, ist wohl auch Caesars nicht unwürdig, und zudem erhält jene Stelle noch eine gewichtige Stütze durch die unsrige, die mitten unter cäsar. Bruchstücken stehend, den Gebrauch dieser Doppelung für Caesar bestätigt. Bemerken will ich übrigens, dafs gerade in jenen Kapiteln des VII. Buches einige solche Parataxen sich finden, so 32,5 uti pars cum parte civitatis confligat; 33. 3 fratrem a fratre renuntiatum und der Anfang von c. 35*) lautet vollständig: Cum uterque utrique esset exercitus in conspectu fereque regione castris castra poneret. Siehe meine eingehende Behandlung d. subst. Parataxen im Archiv für Lexikogr. V. 1888 S. 161 ff.

Kap. 5 zeigt keine deutlichen Spuren cäsarianischer Aufzeichnungen; die Sprache desselben ist mehr die pollionische als die hirtianische.

§ 1 Alexandria est fere tota suffossa] s. über diese bei Pollio beliebte Stellung zu Al. 63, 2; ebenso über den pollionischen Gebrauch von inducere = ducere zu 8, 2, 2. — spatio temporis] vgl. 6, 3 parvo temporis spatio, Caesar fügt immer ein Particip hinzu, wie b. c. 2, 30, 3 interiecto; 3, 84, 1 und 93, 1 intermisso. — liquescere und limosus (§ 2) sind ἅπαξ εἰρημένα im Corp. Caes., beide Wörter finden sich bei Vergil wiederholt. — Auch vicatim § 3 steht nur hier im Corp. Caes.: die Vorliebe der Archaisten, besonders des Sisenna, für die Adverbia auf —tim ist bekannt; aus dem b. Afr. wurden bereits oben S. 38 zitiert citatim, catervatim, minutatim, ordinatim (12. 2).

In Kap. 6 führe ich auf Caesar zurück § 2 Quam ob causam salsior paulo praeter consuetudinem aqua trahebatur ex proximis aedificiis magnamque hominibus admirationem praebebat] Die Stellung von paulo hinter' dem Komparativ (vgl. noch 10, 1 longius paulo, aber Afr. 48, 5. 59, 5 paulo longius) spricht für Caesar, vgl. b. g. 1, 54, 2 maturius paulo; b. c. 1, 20, 4 post paulo; 3, 73, 1 humiliore paulo; ebenso praeter consuetudinem, vgl. b. g. 7, 61, 3. b. c. 1, 19, 3. 45, 1. 59, 3. 61, 1, während Hirtius sagt contra consuetudinem 8, 50, 1 u. Al. 65, 1.

*) In diesem Kapitel macht § 4 die Stelle „reliquas copias cum omnibus impedimentis misit captis quibusdam cohortibus, uti numerus legionum constare videretur" den Kritikern und Erklärern viele Schwierigkeiten. Caesar will sagen, es wurden einige Kohorten verstärkt, damit die Feinde den Ausfall der zwei zurückgelassenen Legionen nicht merkten. Daher ist die Konjektur carptis widersinnig, es mufs vielmehr heifsen completis.

Endlich finden sich auch Phrasen mit praebere im Sinne von afferre nur bei Caesar, vgl. opinionem timoris praebere b. g. 3, 17, 6, vgl. 25, 1; speciem defensorum praebere b. g. 6, 38, 5. 7, 36, 2. Der Ausbau dieses Bruchstückes in § 1 stammt von Pollio: magnum ac difficile opus aggreditur] aggredi aliquid ist weder cäsarianisch noch hirtianisch, es findet sich bei Plautus, Sallust (Iug. 92, 3 aliam rem: 89, 3 maiora), Vergil, bei Cicero im Dialog Fin. IV § 1 quare istam (rem) quoque aggredere. — magna vis aquae] vgl. b. Afr. 1, 4 levis armaturae magna vis: 14, 1 magna vis hostium, bei Hirtius nicht, s. zu Al. 20, 5 C. — hunc locis superioribus fundere in partem Caesaris (= 3, 112, 12: Al. 7, 2) non intermittebat] non intermittere mit Inf. steht im b. Afr. 8 mal. Al. noch 37, 1 an einer ebenfalls pollionischen Stelle: Hirtius hat die Konstr. nicht, Caesar nur affirmativ b. g. 4, 31. 1 quod obsides dare intermiserant, ebenso Cic. fam. 7, 12, 1 mirabar quod esset quod tu mihi litteras mittere intermisisses, aber negativ Div. II § 1, Phil. I § 32, Plancus ep. 10, 24, 4. Trebon. ep. 12, 16, 2. — Auch der Schluſs scheint von Pollios Hand ausgeführt zu sein (vgl. über parvo temporis spatio § 3 zu 5, 1), obwohl manches für Caesar spricht, wie besonders vulgo inter se conferebant (sc. aquam), denn das Adv. vulgo findet sich aufser hier nur in den cäsarianischen Kommentaren und zwar 7 mal gebraucht.

Der Anfang von **Kap. 7** zeigt deutliche Spuren einer cäsarianischen Aufzeichnung: Quo facto dubitatione sublata tantus incessit timor] Die Phrase timor incessit findet sich nur bei Caesar, und zwar b. c. 3, 101, 2 tantusque eo facto timor incessit: 2, 29, 1 magnus omnium incessit timor: 3, 44, 6 magnus incesserat timor sagittarum. — dubitatio steht b. g. 1, 14. 5, 48. 7, 40. — ut ad extremum casum periculi omnes deducti viderentur] = b. g. 3, 5, 2 (cum) res esset iam ad extremum perducta casum; b. c. 1, 19, 4 sese rem in summum periculum deducturum non esse; b. g. 5, 31, 1 ne rem in summum periculum deducant. Auffallend ist die Wahrnehmung, daſs Caesar das Wort discrimen in solchen Phrasen nur einmal gebraucht b. g. 6, 38, 2 in summo esse rem discrimine, seine Fortsetzer gar nicht. Das Substantiv scheint in dieser Verwendung erst von Cicero besonders kultiviert worden zu sein, vgl. bes. Phil. VI, 19 res in extremum est adducta discrimen, ib. VII, 1 adducta est res in maximum periculum et in extremum paene discrimen. — Die pollionischen Zuthaten beginnen mit atque alii morari Caesarem dicerent, quin naves conscendere iuberet] Forchhammer p. 57 änderte quin in qui non, Vielhaber p. 554 in quod non, beide mit Unrecht, denn wie wir zu Al. 55, 2 gesehen, ist quin nach morari pollionischer Usus ,nec diu moratur dolorem, quin eos interfici iubeat' — allerdings nach verneintem morari und ein verneintes morari verlangt auch unsere Stelle, deren Sinn ist „einige sagten, Caesar zögere nicht, den Befehl zum Besteigen der Schiffe zu geben": in dem Grade hatte — nach ihrer Ansicht — die Furcht sogar Caesar angesteckt. Es ist also non vor morari einzusetzen; der Ausfall der Negation ist in den Hss. beider Klassen sehr häufig und hier vor den Anfangsbuchstaben des folgenden Wortes sehr leicht zu erklären. Vgl. übrigens noch Afr. 26, 4 ipse (Caesar) in tanta erat festinatione et expectatione, ut postero die, quam misisset litteras nuntiumque, classem exercitumque morari diceret. — Auch das andere Glied ist nicht in Ordnung, die Neueren schreiben mit Haupt alii multo gravius extimescerent [casum], Vielh. und Kraffert wollen casurum für casum, ich ziehe des Manutius Lesung vor alii multo graviorem extim. casum unter Vergleich von Caesar b. g. 3, 13, 9 quarum rerum omnium nostris navibus casus (= τὸ συμβαίνειν) erat extimescendus. Deutet schon diese letztere Phrase auf Caesar, so auch die Wendung in apparanda fuga] vgl. b. c. 3, 21, 5 proditionem apparare und illis (sc. Alexandrinis) imminentibus] cf. b. g. 6, 38, 2 videt imminere hostes. Es liegt also die Annahme nahe, daſs auch die Motive dieser Furcht durch ein paar Worte von Caesar skizziert waren. § 2 stammt aus Pollios Feder: in parte Caesaris = 3, 112, 12. Al. 6, 1. Daſs der Schluſs dieses Kapitels ut mihi defendendi etc. als Glossem zu betrachten ist, haben Gruter, Kraner und Dübner richtig gesehen. Andrerseits muſs auch Vielhaber recht gegeben werden, wenn er l. l. p. 555 die Ansicht ausspricht, daſs durch das Glossem der ursprüngliche Text verdrängt worden sei, dessen Schluſsworte gelautet hätten ‚aptissimum esse hoc genus ad proditionem dubitare nemo potest'. Ähnlich spricht sich auch Madvig Advers. II, 281 aus ‚sententia sine eis plena non est; debet enim dici defectionem non sine causa timeri potuisse'. Auch stimmt es ganz mit Pollios Sprachgebrauch, nach non dubitare und ähnlichen Phrasen den Acc. c. Inf. zu setzen (wie Varro, Corn. Nep.), vgl. ep. 31, 5 illud me Cordubae pro contione dixisse nemo vocabit in dubium, vgl. Schmalz p. 88.

Kap. 8 enthält eine Rede, in welcher Caesar die Furcht seiner Soldaten ‚consolatione et ratione' zu beschwichtigen sucht. Die Hauptgedanken dieser Rede waren in den hinterlassenen Aufzeichnungen Caesars im Umrisse angedeutet und wurden erst von Hirtius — vielleicht auch mit Zuhilfenahme mancher Reminiszenz an mündliche Erzählungen — ausgeführt. Jedenfalls ist nur der Schluſssatz unverändertes cäsar. Sprachgut ‚Proinde eius consilii obliviscerentur atque omni ratione esse vincendum cogitarent'; denn proinde bei der Aufforderung begegnet 9 mal bei Caesar, aber an keiner Stelle bei den Fortsetzern; oblivisci fehlt bei H., ebenso omni ratione bei H. und P., dagegen vgl. aus Caes. b. c. 1, 65, 5 quod fuit illis conandum atque omni ratione efficiendum, ib. 67, 5 omni ratione esse perrumpendum und Al. 17, 1, einem cäsarianischen Kapitel, omni ratione Caesar contendendum existimavit. Nun zur hirtianischen Ausführung! Schon die Anfangsworte Caesars suorum timorem consolatione et ratione minuebat zeigen, daſs Hirtius unmittelbar an das cäsarianische Bruchstück in Kap. 7 § 1 tantus incessit timor anknüpft, beweisen also andrerseits, daſs der übrige Teil dieses Kapitels erst später hinzugefügt wurde. Die Phrase selbst erhellt als hirtianisch aus 8, 38, 2 timentes omnium animos consolatione sanat. Ebenso gebraucht weder Caesar noch

Pollio **affirmare** mit Acc. c. Inf., es findet sich nur noch Al. 24, 4 an einer hirtianischen Stelle — Hirtius wird diesen Gebrauch von Cicero entlehnt haben (in den Reden 14, in den phil. Schriften 10 mal). Desgleichen sagt nur Hirtius **prohibere quominus** 8, 34, 3 und in unserem Kapitel § 2; an allen übrigen Stellen im Corp. Caes. steht der Inf. oder Acc. c. Inf. — Für die Verbindung **non solum-sed ne-quidem** vgl. 8, 33, 1 non modo — sed ne-quidem; § 5 **summam velocitatem**] ebenso 8, 36, 2; **in victoria insolentes**] vgl. 8, 13, 4 utrum secundis minimisque rebus insolentiores; **loca excelsiora**] vgl. Al. 28, 3 locus excelsior; 31, 1 excelsissimum locum = 8. 33, 1; locus excelsus 8, 7, 4. 42, 4; Caesar sagt excelsus nur in Verbindung mit mons.

Der Anfang des 9. Kapitels **Hac oratione habita atque omnium mentibus excitatis**] klingt sehr an die cäsarianische Redeweise an; man vergl. b. g. 1, 41, 1 hac oratione habita mirum in modum conversae sunt omnium mentes; hac oratione hab. steht noch b. g. 1, 32, 1. 33, 1. b. c. 2, 28, 4. 3, 90, 4. Hirtius kennt diese Wendung nicht, ebenso wenig die Phrasen mit mens, resp. mentes, während sie bei Caesar sehr beliebt sind b. g. 7, 84, 5. b. c. 1, 76, 5. 2, 30, 3. — Für **dat negotium ut**] vgl. b. g. 2. 2, 3 und zu Al. 51, 3; für **reliquis operibus intermissis**] b. c. 1, 42, 2 opus intermittit. — Die folgenden Paragraphen tragen zwar nicht so ausgeprägt wie § 1 das cäsarianische Idiom an sich, sind aber ihrer Sprache nach weder völlig mit Hirtius noch auch Pollio in Übereinstimmung zu bringen. Man vergleiche § 2 **omnium animis ad laborem incitatis**] b. g. 7. 79, 3 omnium animi ad laetitiam excitantur. — **maximis conatibus**] b. c. 2, 21. 1 quod conatus adversariorum infregissent. — § 3 **ex dediticiis Pompeianis militibus**] dediticius findet sich nur in den cäsarianischen Kommentarien, ebenso § 4 das Adverbium **continenter**. Auch die demonstrative Periodenbildung § 3 eo biduo, § 4 **hac naves** und **hi cum** spricht gegen Hirtius, doch mag er sich kleine Änderungen im Ausdruck und Einschaltungen gestattet haben, wie § 4 **sed loca sunt egregia omni** illa regione [= 8, 46, 4 omnem illam regionem, Al. 42, 5 omnem illam partem regionemque] ad tenendas ancoras.

Kap. 10 ist zur Hälfte noch von Caesar (§ 1—3), zur Hälfte (§ 4—6) von Hirtius. § 1 ut per se consilium caperet] per se ist allen Caesarianern sehr geläufig. — Über longius paulo s. zu 6, 2. — munitiones nudari nolebat] b. g. 7, 70, 7 ne castra nudentur: b. c. 3, 15, 5 neque sibi nudanda littora existimabat u. ö. — § 2 ad eum locum qui appellatur Chersonesus] b. c. 3, 6, 3 ad eum l., qui app. Palaeste. — in terram exposuisset] ebenso 19, 3. b. c. 1, 31, 3. 3, 23, 2. — aquandi causa .. cum longius a navibus praedatum processisent] b. c. 1, 66, 1 qui aquandi causa (noch 1, 81, 4) longius a castris processerant; praedari häufig bei Caesar, in keinem der Supplemente. — § 3 magnam sibi facultatem fortunam obtulisse bene gerendae rei] b. g. 7, 44, 1 facultas bene gerendae rei (so die Wortstellung in ß!), b. c. 1, 71, 1 erat occasio bene gerendae rei, b. c. 1, 72, 5 oblata facultate: Hirt. sagt 8, 18, 3 sibi oblatam occasionem rei gerendae.

§ 4. Itaque naves omnes, quas paratas habuerant ad navigandum, propugnatoribus instruxerunt] Nipp. p. 21 zählt mit Unrecht unsere Stelle zu denjenigen, an welchen das Plusquamperf. statt des Imperf. stehe; es hat hier das Plusquamperf. seine volle Kraft = paraverant. Über die stehende Formel navem paratam habere s. Thielmann im Archiv für lat. Lexikogr. II S. 392, doch sagt Cicero auch ep. Att. 8, 4, 3 ego navem paravi. — propugnatoribus instruere sagt Hirt. auch Al. 45, 2. — § 5 nox allatura videbatur maiorem fiduciam illis] 8, 10, 1 sperabat fiduciam barbaris allaturum, die Phrase fiduciam afferre hat nur Hirt. — quod nulla satis idonea esset hortatio, quae neque virtutem posset notare neque inertiam] das Subst. hortatio steht nur hier und Al. 22, 2, an einer ebenfalls hirt. Stelle; inertia fehlt bei Caesar, dagegen ep. ad Balb. § 1. — Der Ausdruck naves ad terram detrahit (ganz unser „ans Land ziehen") statt des gewöhnlichen subducere ist bezeichnend für des Hirtius Unwissenheit in nautischen Ausdrücken. Zu beachten ist auch die Häufung der Relativa:

§ 5 qui — nolebat; § 6 quibus de causis naves, quas potuit, Caesar ad terram detrahit, quem in locum etc.

Kap. 11 zeigt in § 1 und 2 die angefangene Schilderung eines Seetreffens noch aus Caesars Feder, § 3 und 4 gibt Hirtius das Resultat desselben. Die Folgen desselben fügt Pollio § 5 und 6 bei.

§ 1. Die Stellung Erat ... collocata, so dafs das Hilfsverbum am Anfang, das Partizip am Schlusse des Satzes steht, findet sich auch c. 13 init.; in Caesars Kommentarien findet sie sich z. B. b. c. 3, 102, 2 Erat edictum ... propositum, im b. Afr. 40, 1 Erat ... extructa. — Hanc conspicati hostes non tenuerunt sese] b. c. 2, 22, 3 hunc conspicatae naves; 2, 6, 4 conspicatae naves navem D. Bruti sese in eum incitaverunt. — § 2 ne turpem ... contumeliam acciperet] contumeliam accipere gebraucht nur Caesar b. g. 5, 29, 4. 7, 10, 2. — si quid gravius illis accideret] beliebte cäsar. Formel b. g. 1, 20, 4. b. c. 2, 30, 3. 5, 30, 2 (si quid durius accid. b. c. 3, 94, 6); merito casurum iudicabat] b. g. 1. 14, 1 merito accidisset res; merito sagt weder Hirtius noch Pollio.

§ 3. Proelium commissum est magna contentione Rhodiorum] hirtianische Ausdrucksweise, vgl. 8, 19, 2 fit magna contentione diversum proelium; ib. 4 pugnatur aliquamdiu pari contentione; 29, 1 cum aliquamdiu summa contentione dimicaretur. — qui cum in omnibus dimicationibus et scientia et virtute praestitissent] dimicatio ist Lieblingswort des Hirt., im 8. Buche 5 mal. Ebenso findet sich die Verbindung scientia et virtus nur an hirt. Stellen Al. 12, 1. 26, 1. 43, 1. — onus sustinere non recusabant] 8, 15. 1 cum dimicare non recusarent. Caesar hat zuerst diese dem Cicero noch nicht bekannte Konstruktion b. g. 3, 22, 3, sodann seine Anhänger; aufser Hirtius auch Antonius bei Cic. Phil. 8, 25, Planc. ep. fam. 10, 8, 6 und 17, 2. — ne quod detrimentum etc.] Über diese bei Hirt. beliebte Art der Finalsätze s. zu Al. 51, 3. — § 4 ita proelium secundissimum est factum] Auch von dieser dem H. sehr geläufigen Formel war schon oben S. 64 die Rede. — magna multitudo in reliquis navibus propugnatorum est interfecta] Die gesperrte Stellung des Genetivs ist für H. charakteristisch: zum Ausdruck magna mult. interf. vergl. Al. 31, 3. 29, 5. 76, 4. — Das Glied duae omnibus epibatis nudatae] verrät sich als pollionischer Zusatz durch den Gebrauch des Wortes epibata für classiarius (wie Hirt. c. 12, 1 sagt), vgl. Afr. 20, 1. 62, 1. 63, 4 bis.

§ 5 Quod nisi nox proelium diremisset etc.] Über diese bei Pollio häufige Redeform s. zu Al. 63, 6. — Trüge jedes Kapitel so deutlich die Eigentümlichkeiten seiner Verfasser an der Stirne, so wäre die Ent- und Unterscheidung der Autorschaft in den einzelnen Teilen eine leichte.

Den cäsarianischen Grundstock des 12. Kapitels bildet § 2, beginnend mit Posteaquam]. Hirtius gebraucht weder postquam noch posteaquam: beide Konjunktionen finden sich nur im ersten Teile des bell. Alex. 14, 1. 20, 3. 21, 1. Ebenso wenig kennt Hirtius (auch P. nicht) den Gebrauch von confirmare mit Acc. c. Inf., wie es an unserer Stelle heifst ‚in concilio confirmavit sese et eas, quae essent amissae, restituturum et numerum adaucturum'] Caesar gebraucht confirmare mit Acc. c. Inf. an 14 Stellen; über affirmare s. zu Al. 8, 1. Das seltene adaugere wendet Caes. auch b. c. 3, 58, 4 und b. g. 6, 1, 3 in ähnlichem Zusammenhang an ‚si quid esset in bello detrimenti acceptum non modo id brevi tempore sarciri, sed etiam maioribus adaugeri (?) copiis posset' (s. über das Wort zu Rosc. Am. p. 192). — magna spe et fiducia] b. c. 1, 20, 2 spe atque fiducia. — accuratius huic rei studere [atque inservire] instituerunt: accuratius sagt Caes. auch b. g. 6, 22, 3, dagegen findet sich inservire im ganzen Corp. Caes. nur noch b. g. 8, 8, 1 — wir dürfen also in den eingeklammerten Worten einen hirtianischen Zusatz erblicken; vgl. oben 2, 1.

§ 1 weist der Satz ‚cum iam non virtute propugnatorum, sed scientia classiariorum se victos viderent' genügend deutlich auf Hirtius als Verf. hin, s. zu cap. 11, 3 und 4. — oppugnationem verebantur] 8, 14, 1 veriti similem obsidionem, ib. 34, 1. — Auch § 3 u. 4 sind hirt.

Ausführung: tametsi amplius CX navibus ... amiserant, tamen] tametsi — tamen sagt Hirt. 8, 20, 1 und 10, 4 tametsi non amplius erant quingenti, tamen. — reparandae classis cogitationem non deposuerunt] reparare statt reficere steht nur hier im Corp. Caes., mehr nachklassisch; cogitatio gebraucht H. auch 8, 10, 4; für das trop. deponere vgl. Al. 65, 1 metum deponerent. — § 4 cotidiano usu exercitati] 8, 25, 2 cotidianis exercitata bellis (civitas); die Lesart exercitata einer weniger guten Handschr. (exercita die übrigen) wird durch unsere Stelle gehalten. — et quantum parvulis navigiis profecissent sentiebant] scheint Asinius Pollio hinzugefügt zu haben, dessen Neigung zu Deminutivis bekannt ist, s. S. 38.

Kap. 13—21 bilden den Kern- und Mittelpunkt des Berichtes über den alexandrinischen Feldzug. Sie gehören zu den besten Partien dieses Kommentars und ihnen hauptsächlich gilt das Lob der facilitas und varietas, das Nipp. dem Hirtius spendet, während es in Wahrheit an die Adresse Caesars zu richten ist. — **Kap. 13** enthält eine überaus lebhafte und anschauliche Beschreibung der Ausrüstung der alexandrinischen Flotte. Um den Unterschied dieser knappen, gewandten Darstellung von der matten, schleppenden des Hirtius in Gall. VIII recht deutlich zu erkennen, möge man zur Vergleichung die Verteidigung von Uxellodunum cap. 42 des VIII. Buches lesen. Andererseits vermögen wir aus Caesars Kommentarien so schlagende Parallelen beizubringen, dafs der cäsar. Ursprung dieser Schilderung aufser Zweifel steht.

§ 1 Über die Stellung Erant — dispositae vgl. zu 11, 1. — § 2 ff. naves veteres erant in occultis regiae navalibus .. has reficiebant ... ad has minores .. adiecerunt ... seque ad confligendum omnibus rebus paraverunt] vgl. b. c. 2, 4 Massilienses post superius incommodum veteres ex navalibus productas naves refecerant ... piscatoriasque adiecerant. Nach idoneum ventum ex porta exeunt rursusque se ad confligendum animo confirmant. — § 4 Itaque paucis diebus contra omnium opinionem quadriremes XXII confecerunt] b. g. 7, 56, 4 itaque admodum magnis diurnis nocturnisque itineribus confectis contra omnium opinionem ad Ligerem venit. — in portu periclitati remigio, quid quaeque earum efficere posset] b. g. 2, 8, 3 quid hostis virtute posset et quid nostri auderent periclitabatur. — Im einzelnen sei noch verwiesen für necessitati servire § 3 auf b. g. 7, 34, 1 bello servire; 4, 5, 3 incertis rumoribus servire.

Kap. 14 geht ebenfalls auf Caesar zurück und hat nur einige kleine Aenderungen durch Pollio erhalten.

§ 1 Postquam eo ventum est, ut sibi uterque confideret] b. c. 3, 10, 7 hoc unum esse tempus de pace agendi, dum sibi uterque confideret et pares ambo viderentur; über postquam s. zu 12, 2. — § 2 reliquas naves subsidio (= der Reserve) distribuit] b. g. 4, 22, 4 naves onerarias equitibus distribuit; subsidium fehlt in Gall. VIII. — quae quamque earum sequatur et cui subveniat, constituit atque imperat] b. c. 2, 44, 3 quae fieri vellet, constituit atque imperavit; 3, 62, 3 quid a quoque fieri velit, praecipit; vgl. auch b. g. 7, 4, 7. — § 3 non dubitanter ist pollionischer Zusatz, vgl. oben S. 33. — subsidiariae (naves)] b. c. 1, 83, 2 subsidiariae cohortes. — § 4 magnum praeterea numerum minorum navigiorum ... producunt ... si quid ipsa multitudo .. nostris terroris adferre possent] b. c. 1, 56, 2 multa huc minora navigia addunt, ut ipsa multitudine nostra classis terreretur. Magnum numerum sagittariorum, magnum Albicorum imponunt. — § 5. Erant inter duas classes vada transitu angusto ... satisque diu inter ipsos est expectatum, ab utris fieret transeundi initium, propterea quod ei, qui intrassent ... impeditiores fore videbantur] b. g. 2, 9, 1 palus erat non magna inter nostrum atque hostium exercitum. Hanc si nostri transirent, hostes expectabant; nostri autem, si ab illis initium transeundi fieret, ut impeditos aggrederentur, parati in armis erant, ib. § 2 ubi neutri transeundi initium faciunt. — si durior accidisset casus] b. c. 1, 75, 1 quicumque accidisset casus (si quid durius acciderit b. c. 3, 94, 6). — Die Parenthese sic enim praedicant partem esse Alexandriae

dimidiam Africae halte ich für poilionisch, vgl. zu 8, 51, 5 P
sic enim existumabat.

Kap. 15 verdanken wir die lebendige Schilderung des
Seekampfes ebenfalls Caesar. In § 1 wird uns der Anführer
der Rhodier Euphranor mit den Worten vorgestellt ‚Rhodiis
navibus praeerat Euphr. animi magnitudine ac virtute
magis cum nostris hominibus quam cum Graecis comparandus‘ |
b. g. 7, 52 fin. virtutem atque animi magnitudinem desiderare,
Al. 32, 2 C. fructum virtutis et animi magnitudinis tulit. Eine
sehr matte Wiederholung, ja fast ein Abklatsch dieser Worte
in § 1 ist § 2: Hic ob notissimam scientiam atque
animi magnitudinem delectus est, qui imperium classis
obtineret. Wir werden darin eine hirtianische Einschaltung
sehen müssen, wenn wir vergleichen Al. 31, 1 et animi
magnitudine et rei militaris scientia virum praestantem, umsomehr als Caesar an keiner Stelle ob für
propter gebraucht, vgl. Wölfflin im Archiv I p. 164.*) Freilich scheint mir ob nicht ganz sicher zu stehen; in T lautet
die Überlieferung ob tatissimam, no ‚inter versus‘, vielleicht stand also ursprünglich propter notissimam da;
oder — eine andere naheliegende Möglichkeit — es ist nach
notissimam ein Adjektiv ausgefallen, etwa ⟨et testatissi-
mam⟩, wenigstens verbindet Hirtius die beiden Adjektiva
auch 8, 42, 4 quo notior testatiorque virtus esset eius
(ib. 44, 1 quo testatior esset poena) wie Cic. Fragm. p. 272, 37 M.
nisi quod erat ita notum atque testatum, Vatin. 34 haec
omnia sciasne publicis tabulis esse notata atque testata?,
Verr. act. pr. § 48. Der Ausfall einiger Buchstaben ist
auch deshalb wahrscheinlich, weil im nächsten Satze ebenfalls ein Wort ausgefallen sein mufs, das vielleicht gerade
unter jenem stand, so dafs beide durch irgend einen Zufall
zu grunde gingen. § 3 beginnt: Qui ubi Caesaris animum
advertit. Die Unmöglichkeit dieser Überlieferung hat Forch-

---

*) Im bell. Afr. finden wir 46, 4 ob neglegentiam und 64, 1 ob per-
fidiam (die Formel ob eam rem hat auch Caesar). Es scheint also Pollio
gewesen zu sein, welcher die der archaischen Sprache angehörige Präposition
vgl. Acc. 20, 658 R) wieder in Mode brachte. So erklärt sich auch der
Gebrauch bei Livius, Velleius, Tacitus etc.

hammer p. 81 erwiesen, er schlägt vor dubitationem nach Caesaris einzuschieben, ich bin für cunctationem, vgl. b. g. 3, 18, 6 Sabini cunctatio; 24, 5 sua cunctatione. — § 4 nobis rem committe] b. c. 3, 74, 2 rem proelio committendam existimarent, ebenso 2, 33, 2. 38, 2. — neque tuum iudicium fallemus] s. zu 16, 4 ne omnium falleret opinionem. — § 5 Caesar illum adhortatus atque omnibus laudibus prosecutus dat signum pugnae] b. g. 7, 62, 2 Labienus milites cohortatus . . dat signum proelii und ähnlich öfters; b. g. 2, 5, 1 Caesar Remos cohortatus liberaliterque oratione prosecutus. Fröhlich in der zitierten Festschrift p. 44 notiert die merkwürdige Thatsache, dafs im bell. G. VIII das Wort pugna ganz fehle, dagegen im bell. Al. dreimal vorkomme, nämlich aufser der unsrigen noch § 8 aut in opere aut in pugna occupatus und 16, 4 delectus ad pugnam. Dieser eigentümliche Sachverhalt klärt sich auf, wenn wir darauf hinweisen, dafs diese drei Stellen dem ersten Abschnitt des Kommentars angehören und zwar cäsarianischen Partien. So findet sich auch neque vero nur 2, 1. 15, 8. 18, 1; laborantibus succurrere nur 1, 3. 21, 3; se eicere nur 17, 6. 19, 5. 20, 1. 21, 2; postquam und posteaquam nur 12, 2. 14, 1. 20, 3. 21, 1 — sämtliche Stellen sind cäsarianisch! — § 6 arte sollertiaque] dieselbe Verbindung 16, 6. — tantum doctrina potuit] b. g. 7, 77, 6 tantum apud me dignitas potest, vgl. b. g. 2, 8, 4, dagegen sagt Hirt. 8, 22, 2 neminem tantum pollere. — dispar] b. g. 5, 16, 2; 7, 39, 1, nur bei Caesar. — nullius remi detergerentur] b. c. 1, 58, 1 remos transcurrentes detergere contendebant; venientibus adversae occurrerent] b. c. 3, 79, 7 Caesar venienti occurrit. — § 7 tum necessario discessum est ab arte propter angustias loci atque omne certamen in virtute constitit] b. c. 1, 58, 2 cum propius erat necessario ventum, ab scientia gubernatorum atque artificiis ad virtutem confugiebant; aus der Vergleichung dieser beiden Stellen ergiebt sich zur Evidenz, dafs an der zweiten necessario zu transponieren ist ‚cum propius erat ventum,

necessario ab scientia etc.: angustiae loci] noch
Al. 17, 4. 19, 3 C., b. c. 1, 17, 1; 3, 49, 3. 112, 7; omne
certamen in virtute constitit] b. c. 1, 70, 1 erat in
celeritate omne positum certamen; b. c. 3. 14, 3 ita in
exiguo tempore totius exercitus salus constitit; b. g.
2, 33, 4 cum in una virtute omnis spes salutis consisteret
und so öfter, vgl. unten b. c. 2, 5, 4. — § 8. Neque vero
(s. zu 2, 1) Alexandriae fuit quisquam aut nostrorum
aut oppidanorum, qui aut in opere (b. g. 2, 19, 8. 5, 15, 3.
7, 22, 4) aut in pugna occupatum animum haberent
(b. c. 3, 112, 5 in pugna occupatis militibus), quin altissima
tecta peteret atque ex omni prospectu locum spectaculo
caperet precibusque et votis victoriam suis ab dis immortalibus exposceret] b. c. 2, 5, 3 facile erat ex castris
C. Treboni atque omnibus superioribus locis prospicere
in urbem, ut omnis inventus . . . . . templa deorum immortalium adirent et ante simulacra proiecti victoriam
ab dis exposcerent. Neque erat quisquam omnium,
quin (noch b. c. 1, 69, 3. 3, 53, 3) in eius diei casu suarum
omnium fortunarum eventum consistere existimaret.

Kap. 16 § 1—2 gehören dem Hirtius, § 3—7 dem
Caesar. Wir beginnen mit dem cäsarianischen Fragment.
§ 3 Haec superioribus diebus saepenumero
Caesar suis exposuerat] b. c. 3, 86, 1 in consilio
superioribus diebus dixerat: saepenumero sagt Caesar 6mal,
Hirtius an keiner Stelle. — ut hoc maiore animo con-
tenderent, quod viderent] sehr beliebte Redeform bei Caesar,
cf. Meusel Lex. 1 Sp. 1488, besonders ähnlich ist b. g.
5, 2, 6 detrimentum . . . hoc aequiore animo ferendum
docet, quod . . . relinquatur. — § 4 suum quisque
contubernalem, amicum, notum prosequens] b. c.
1, 74, 1 quem quisque in castris notum aut municipem habebat, conquirit, ib. § 5 suos notos hospitesque quaerebant. —
erat obtestatus, ne] obtestari ut oder ne b. g. 7, 4, 5.
71, 3. 47, 5. — ne suam atque omnium falleret
opinionem] = b. c. 3, 86, 5, wo die codd. und edd. lesen
simul denuntiavit (Pompeius), ut essent animo parati (vgl.
die Rede Caesars 85, 4 animo simus ad dimicandum parati)

in posterum et, quoniam fieret dimicandi potestas, ut saepe (a, semper b) cogitavissent (cf. 85, 4 de proelio cogitandum, sicut semper depoposcimus), ne usu manuque (manu a b c, manuum d) reliquorum opinionem fallerent. Elberling hat p. 132 — wie unsere Stelle evident beweist — richtig emendiert .neu suam neu reliquorum op. f., doch sind noch nicht alle Hindernisse beseitigt, denn 1. ist cogitavissent unpassend, 2. neu nach vorausgehendem et. Ich schreibe daher . . . et. quoniam fieret dimicandi potestas, ut semper ⟨flagitavissent⟩. cogitarent, ne suam neu (vielleicht omnium, weil d mannum) reliquorum opinionem fallerent: flagitavissent für cogitavissent schlug bereits Markland vor; cogitare ut steht b. g. 7, 59, 4, ne 5, 57, 1. — ad pugnam proficisceretur] b. c. 3, 99, 3 in pugnam proficisci. — § 5 hoc animo est decertatum] b. c. 2, 6, 1 hoc animo decertabant, ut. — numero navium praestantes] b. c. 3, 44, 5, 47, 2 numero militum praestare. — neque virtuti nostrorum possent adaequare] b. c. 2, 16. 3 ubi se virtute nostris adaequare non posse intellegunt. — § 6 capitur hoc proelio quinqueremis una et biremis cum defensoribus remigibusque] b. c. 3, 24, 3 unam ex his quadriremem cum remigibus defensoribusque ceperant. — nostris incolumibus omnibus] b. c. 2, 35, 5 suis omnibus incolumibus. — § 7 quas protexerunt ex molibus] b. c. 1, 79, 2 ex locis superioribus . . suos ascendentes protegebant. — adire propius prohibuerunt] b. c. 2, 43, 4 adire propius tardarentur.

Wir kommen nun zu § 1 und § 2, welche Hirtius dem cäsarianischen Fragment angefügt hat: § 1 minime par erat proelii certamen] vgl. b. Al. 29, 2 H. quod tam diu pari proelio certaretur. — nostris enim pulsis neque terra neque mari effugium dabatur victis] das Anstöfsige der Stelle versuchte man entweder durch Streichung von victis oder von pulsis zu entfernen; aber victis wird durch den beliebten rhetorischen Gegensatz zu victoribus gehalten, also ist pulsis verdorben, es ist zu verbessern in paucis, vgl. den Anfang von § 2 simul illud grave ac miserum videbatur perpaucos de summa rerum decertare; für die Verbindung pauci nostri vgl. Gall. 8. 48, 4 paucos nostros convertunt, bell. Hisp. 24, 5 a paucioribus nostris. — effugium dabatur] effugium nur hier im Corp. Caes.; Caesar sagt fugae facultas datur b. g. 1, 32. 5; ebenso sagt Caesar an keiner Stelle in incerto esse — eine bekanntlich mehr nachklassische Ausdrucksweise. Auch decertare de ist nicht dem Caesar, wohl aber Cicero eigentümlich. z. B. Mil. § 3 (vgl. damit die oben zitierte Caesarstelle b. c. 2, 5, 3) neque eorum quisquam ... non cum virtuti Milonis favet, tum de se de liberis suis, de patria de fortunis hodierno die decertari putat. — quorum si qui aut animo aut virtute cessisset, reliquis etiam esset cedendum (schreibt Fleischer richtig statt cadendum)] Charakteristisch ist für Hirtius der Gebrauch des Konjunktivs in solchen Relativsätzen der indirekten Rede statt des Acc. c. Inf. Hirtius hat denselben noch 8, 33, 1 impedimenta oppidanorum — quae si clandestina fuga subtrahere conarentur, effugere non modo equitatum, sed ne legiones quidem possent; ib. 39, 3 reliquam esse unam aestatem suae provinciae, quam si sustinere potuissent, nullum ultra periculum vererentur; s. Draeger II § 447, 2.

Kap. 17 ist ganz cäsarianisch. § 1 Hoc ne sibi saepius accidere posset, omni ratione (s. zu 8, 6) Caesar contendendum existimavit] b. c. 1, 38, 2 id ne accideret, magnopere sibi praecavendum existimabat. — § 2 intrari posse confidebat] beliebte cäsarianische Wendung, b. g. 1, 23, 3 quod re frumentaria intercludi posse confiderent; die übrigen 8 Stellen s. bei Meusel I Sp. 645; vgl. auch zu 18, 3. — § 3 levis armaturae electos ... in navigia minora scaphasque imponit] b. c. 3, 62, 2 magnum numerum levis armaturae in scaphas imponit. — distinendae manus causa] spezifisch cäsar. Ausdruck b. g. 7, 50, 1. 84, 3. b. c. 3, 52, 1. — praemiis magnis propositis, qui primus insulam cepisset] b. g. 7, 27, 2 qui primi murum ascendissent, praemia proposuit. — § 4 ac primum impetum nostrorum pariter sustinuerunt: uno enim tempore etc.] b. c. 3, 52, 1 plura castella Pomp.

pariter distinendae manus causa temptaverat, ne ex proximis praesidiis succurri posset; b. g. 2. 5, 2 manus hostium distineri, ne cum tanta multitudine uno tempore confligendum sit. — ex tectis aedificiorum propugnabant] b. g. 5, 9, 6 ex silvis rari propugnabant; 7, 86, 5 ex turribus propugnantes. — propter asperitatem loci] vgl. loca aspera et montuosa b. c. 1. 66, 4. 3. 42, 5. — mobiliter et scienter tueri] mobiliter celeriterque b. g. 3, 10, 3: scienter b. g. 7, 22, 2: b. c. 1, 55, 1. — § 5 ubi primum . . constiterunt] ubi primum sagt nur Caesar, noch b. g. 3, 14. 4, 12. 7. 51. b. c. 3. 18; Hirtius ut primum 8. 30. — locis cognitis vadisque pertemptatis] b. g. 4, 20, 2 si modo insulam adisset, genus hominum perspexisset, loca, portus, aditus cognovisset. — constanter in eos, qui in litore aequo institerant, impetum fecerunt] b. g. 3, 25. 1 cum ab hostibus constanter pugnaretur; b. g. 4. 33. 2 in iugo insistere. — omnes Pharitae terga verterunt] b. g. 1, 53. 1 omnes hostes terga verterunt u. o., fehlt bei Hirt. — naves ad litora applicarunt] b. c. 3, 101. 5 applicatis ad terram navibus. — se ex navibus eiecerunt] se eicere steht nur im 1. Teil des bell. Al., vgl. zu 15, 5. bei Caesar an 6 Stellen, cf. Meusel I Sp. 1003.

Kap. 18 zeigt nur am Schlusse einen pollionischen Zusatz, alles übrige ist cäsarianisch. Neque vero (s. zu 2, 1) diutius ea munitione se continere potuerunt] Die Stellen für se continere (fehlt bei H.) s. bei Meusel I p. 712. — neque nostri aut scalis aut cratibus aut reliquis rebus parati venerant ad oppugnandum] b. g. 7. 84. 1 crates, longurios . . . reliquaque quae eruptionis causa paraverat profert. — § 2 Sed terror hominibus mentem consiliumque eripit et membra debilitat; ut tum (so Dübner mit a b f r) accidit] ut tum accidit nach vorausgehenden Sentenzen ist spezifisch cäsarianisch, vgl. die Stellen bei Meusel p. 74, besonders b. c. 2, 4. 4 communi fit vitio naturae . . ut tum accidit und b. c. 3, 68, 1 fortuna parvis momentis magnas rerum commutationes efficit: ut tum accidit. — § 3 Qui se . . pares esse confidebant] b. g. 7. 80, 4 cum suos pugna superiores esse Galli confiderent. — perterriti fuga suorum et caede paucorum] b. g. 1, 18, 10 eorum fuga reliquum esse equitatum perterritum; b. c. 2, 34, 6 praeoccupatus animus militum timore et fuga et caede suorum nihil de resistendo cogitabat. — in aedificiis consistere ausi non sunt] b. g. 6. 38. 5 reliqui sese confirmant tantum, ut in munitionibus consistere audeant; ib. 2, 17, 3 qua (legione) pulsa .. futurum, ut reliquae contra consistere non auderent; ib. 6, 23, 2 neque quemquam prope audere consistere (considere Paul, falsch!). — se per molem in mare praecipitaverunt] b. c. 3, 69, 3 se in fossas praecipitabant, b. g. 4, 15, 2 reliqui se in flumen praecipitaverunt. — Der pollionische Zusatz lautet sed numerus captivorum omnino fuit sex milium] b. Afr. 12 quorum omnino numerus fuit XXX cohortium.

Die capp. 19 und 20 sind völlig cäsarianisch.

Kap. 19 § 1 praeda militibus concessa aedificia diripi iussit] b. g. 6, 3, 2 ea praeda militibus concessa (Hirt. sagt Al. 77, 2 praeda militibus condonata und in Gall. VIII dreimal praeda potiri); ib. 7, 11. 9 oppidum diripit atque incendit, praedam militibus donat. — castellum ad pontem communivit atque ibi praesidium posuit] b. c. 3, 112, 5 Pharum prehendit atque ibi praesidium posuit; b. g. 1, 8, 2 praesidia disponit. castella communit; b. c. 3, 43, 1 hos (colles) primum praesidiis tenuit castellaque ibi communit (communire fehlt bei H.). — § 2 simili ratione] b. g. 7, 4. 38. b. c. 3, 76, fehlt bei Hirt. und Poll. — quod his obtentis duobus (pontibus) omnem navigiorum excursum et repentina latrocinia sublatum iri videbantur] so a b, videbat Bentley und die neueren edd. — mit Unrecht. Caesar hat den Inf. Fut. Pass. auf iri 5 mal, cf. Meusel p. 1017 f. Natürlich muss geändert werden omnes navigiorum excursus, was schon die Konzinnität mit latrocinia an die Hand gibt. Zu der Verbindung videri mit Inf. Fut. Pass. vgl. Plaut. Rud. 4, 7, 16 mihi istaec videtur praeda praedatum irier: Quintil. 9, 2, 88 reus parricidii damnatum iri videbatur. Zur Stelle vergl. b. g. 6, 23 repentinae incursionis timore sublato. — § 3 qui praesidio eum locum tenebant] häufige Phrase bei Caesar, s. die Lexika. — Jamque eos tormentis ex navibus sagittisque depulerat [atque in oppidum redegerat] et cohortium trium instar in terram exposuerat: Die eingeklammerten Worte sind allem Anscheine nach eine ursprünglich am Rande stehende Glosse zu depulerat, entnommen aus bell. Hisp. 34,6. 15,4; Caesar gebraucht redigere niemals in diesem Sinne. Zur St. vgl. b. c. 3, 66,1 cohortes quasdam, quod instar legionis videretur. — stationem obtinebant] b. c. 1, 56, 4 hae (naves) ad insulam stationes obtinebant. — § 4 opplere] b. c. 3, 73,3. — § 5 opere effecto] b. g. 4, 18,1. 7, 35,5. — nulla omnino scapha] s. zu 1, 5. — ex oppido se eicerunt] s. zu 17,6. — eodem tempore, quae consueverant (Hirtius sagt nur consuerant!), navigia ad incendia onerariarum emittere constituerunt] b. c. 3, 101,1 completas onerarias naves taeda ... quae sunt ad incendia, in Pompeianam classem immisit. ib. § 3 onerarias naves praeparatas ad incendium immisit, vielleicht ist auch an unserer Stelle immittere zu lesen. — § 6 pugnabatur a nobis] s. zu 3, 1.

Kap. 20 § 1. In his rebus occupato Caesare] b. c. 3, 56,4 in his rebus fere erat Fufius occupatus u. o., s. zu 15, 8. — in molem se eiecit] zu 17,6. — pars eorum studio spectandi ferebatur (b. c. 2. 12,1 milites aversi a proelio ad studium audiendi feruntur), pars etiam cupiditate pugnandi (b. c. 3, 74, 2)] b. g. 4, 32 cum pars hominum in agris remaneret, pars etiam in castra ventitaret. — multum proficere multitudine telorum videbantur] b. g. 7. 82,1 plus multitudine telorum proficiebant; posteaquam propius successerunt etc. — § 3 Sed postquam] s. zu 12, 2. — ultra eum locum] b. c. 3, 66, b. g. 1, 49. — ausi sunt egredi ex navibus] b. g. 6, 35,9 neque quisquam egredi extra munitiones audeat; 7, 1, 7 neque legiones audeant ex hibernis egredi. — sine signis certisque ordinibus] b. g. 2, 11, 1 egressi nullo certo ordine: b. c. 3, 101, 2 nullis custodiis neque ordinibus certis; b. c. 1, 71, 3 neque ordines neque signa servarent: Hirtius verwendet signa im militär. Sinne nicht,

s. zu Al. 54, 1. — nostrosque acrius perturbatos insequebantur] Vergleicht man b. c. 3, 51, 3 si acrius insequi voluissent mehr Belege bei Meusel p. 83), so ist kein Zweifel, dafs auch an unserer Stelle acrius vor insequebantur zu transponieren ist. — scalas rapere properabant] b. g. 5, 33 arripere properare, die Konstruktion properare mit Infin. hat Caesar aufserdem noch 4 mal. — § 5. Quibus rebus perturbati milites . . . cum post se clamorem exaudirent . . . magnam vim telorum (b. c. 2, 6, 3 magna vis telorum) sustinerent, veriti ne ab tergo circumvenirentur et discessu navium omnino reditu intercluderentur (reditu interclusis b. g. 4, 30)] b. c. 1, 66, 2 illo exaudito clamore veriti ne in angustiis tenerentur (clamorem exaudire, spez. cäs. Phrase, noch an 5 Stellen, cf. Meusel 1 p. 557): b. g. 7, 28, 2 veriti ne omnino spes fugae tolleretur; 7, 67, 6 reliqui ne circumirentur veriti se fugae mandant; 82, 2 veriti ne ab latere aperto . . circumvenirentur. — magno cursu incitati . . contenderunt] b. c. 1, 70, 4 hunc magno cursu concitatos iubet occupare; b. g. 3, 19, 1 huc magno cursu contenderunt; Hirtius sagt 8, 15, 6 vehementissimo cursu refugerunt. — § 6 pars multitudine hominum atque onere depressa est] b. c. 2, 43, 4 tanta erat completis litoribus contentio, ut multitudine atque onere nonnulli deprimerentur. — dubitans quid esset capiendum consilii] b. g. 3, 24, 1 quid hostes consilii caperent exspectabat. vgl. 5, 53, 4. — expeditas ad ancoram naves] b. c. 1, 57, 2 vermutet Hartz naves expeditas statt ex portu. — incolumes discesserunt] b. g. 5, 41, 6. — Die Worte „allevatis scutis et animo ad conandum nisi" hält Fleischer mit Recht für einen späteren „romanhaften" Zusatz.

Kap. 21 hat am Anfang und am Schlusse von Hirtius einen kurzen Zusatz erhalten. — § 1 Caesar [quoad potuit cohortando suos ad pontem ac munitiones continere, eodem in periculo versatus;] postquam universos cedere animadvertit, in suum navigium se recepit. Die Konstruktion cohortari mit Inf. kennt Caesar nicht, dagegen verbindet

Hirtius 8, 12, 7 das synonyme **admonere** mit dem Infin. Bemerkenswert ist, dafs der cod. Voss. mit den Worten „Posquam Caesar cedere" einen neuen Abschnitt einleitet. Mit **postquam** (vgl. zu 12, 2. 14, 1. 20, 3) beginnt die Aufzeichnung Caesars. — Der substantivische Gebrauch' von **universi** im militär. Sinne (vgl. unser „das Ganze halt"!) ist spezifisch-cäsarianisch, vgl. bes. b. c. 1. 79, 4 sese in vallis universi demitterent; 2. 11. 4 se porta foras universi proripiunt u. o.; nur hier im bell. Al., fehlt bei Hirt. — § 2 **neque administrandi neque repellendi a terra facultas daretur**] b. g. 4. 29, 2 neque ulla nostris facultas aut administrandi aut auxiliandi dabatur (von derselben Situation!), ib. 5, 44. 6 neque dant regrediendi facultatem. — **fore quod accidit suspicatus sese ex navigio eiecit**] wiederum eine echt cäsarianische Phrase, vgl. b. c. 1, 40, 7 **suspicatus fore id quod accidit**, b. g. 4. 31, 1 **fore id quod accidit suspicabatur**; die Formel erscheint in allen möglichen Variationen, s. die Stellen bei Meusel I p. 73: über **se eicere** s. zu 17, 6. — § 3 hinc suis **laborantibus subsidio scaphas mittens**] s. über die Formel zu 1. 3. — **hoc proelio desiderati sunt**] b. c. 1, 51. 6 desiderati sunt eo die, mehr Stellen s. bei Meusel I p. 869. — § 5 ist hirtianisch: Caesar sagt nicht castellum munitionibus confirmare, während Hirtius dieses Wort gerne gebraucht.

Kap. 22 und 23 sind rein hirtianisch. Besonders **Kap. 22** zeigt uns recht deutlich, wie wenig sich Hirtius in die ganze Sachlage hineinzudenken wufste und wie infolge dessen an Stelle einer anschaulichen Schilderung vage Phrasenmacherei tritt. Zudem ist der Text des ganzen Kapitels ein sehr verdorbener und durch Lücken entstellter, s. Vielhaber p. 558 ff. Den meisten Anstofs aber erregte in den Augen der Grammatiker der in der ganzen Latinität singuläre Soloecismus des persönlichen **tantum absum** mit doppeltem **ut** (s. hierüber Krebs Antib. s. v. abesse und potius, denn früher las man gar — horribile dictu — tantum afuerunt, ut perturbarentur, ut potius incensi (!) accessiones fecerint), der noch mehr auffällig wird durch den unmotivierten Wechsel des Tempus.

Ich hoffe manchem über diese Stelle aufgebrachten Grammatiker einen Gefallen zu erweisen, wenn ich im Folgenden den Versuch mache, diese unerhörte Konstruktion aus der Welt zu schaffen. Sie verdankt offenbar ihre allmähliche Entstehung und Weiterbildung dem verderbten textlichen Zustand des Kapitels, dem ein mittelalterlicher Leser durch jene Änderungen wieder aufhelfen wollte. Wie es ursprünglich hiefs, darauf können uns die Spuren einiger Handschriften führen: Hoc detrimento milites nostri tantum fuerunt (T L V) ut perturbarentur, ut incensi — aber D in ras. und einige andere Hss. lesen tantum modo sunt perturbati, sed incensi — atque incitati magnas accessiones fecerint (aber cod. Petav. fecerunt). Ich vermute animo in tantum und non in modo und schreibe demnach ‚Hoc detr. mil. nostri animo non sunt perturbati, sed incensi . . . . accessiones fecerunt.' Der Zusatz animo bei den Verben perterrere (vgl. Al. 54, 1), perturbare, firmare, parare ist bei Caesar und seinen Fortsetzern beliebt, vergl. Meusel I p. 266 f.; für die Stellung non sunt perturbati vgl. Al. 13, 1 non erant usi, Cic. p. Planc. § 8 auctores non erant facti.*) — § 2 in proeliis cotidianis] 8, 13, 1 proelia cotidiana. — nec divulgata Caesaris hortatio (nur noch Al. 10, 5) subsequi legionum aut laborem aut pugnandi poterat cupiditatem] vgl. die ähnliche Stelle Al. 44, 1 etsi gravi valetudine adfectus vix corporis viribus animum sequebatur. — ut magis deterrendi et continendi a periculosissimis essent dimicationibus (8, 11, 3 sine perniciosa dimicatione; 42, 1 ut dimicationis periculo deterreant Romanos; 42, 3 periculoso genere proelii; zur hirtianischen Zwischenstellung Kraner zu 19, 2) quam incitandi ad pugnandum] erinnert an Cicero Tull. § 9 und Rosc. Am. § 70 non tam prohibere quam admonere, dom. § 127 prohibendo non tam deterrere videretur quam admonere.

---

*) Vielfach wird noch gelehrt und geschrieben non amatus est: die Klassiker sagten aber amatus non est oder non est amatus; vgl. Cic. p. Planc. § 8 praeteritus non est, § 9 non -is factus; bell. Al. 18, 3 ausi non sunt; 74, 2 deterritus non est; 13 fin. passa non est; Cic. ep. fam. 3, 7, 5 nunquam sum admiratus u. s. w.

Kap. 23 § 1 secundis rebus confirmari] Über das Lieblingswort secundus bei Hirtius s. oben S. 64: zur St. vergl. 8, 13, 4 utrum secundis minimisque rebus insolentiores an adverso mediocri casu timidiores essent. — qui in Caesaris erant praesidiis] vgl. 33, 2 quae manserat in fide praesidiisque eius: der Ausdruck ist besonders bei Cicero beliebt, s. zu Rosc. Am. p. 357. — aut suo priore (es ist mit Vielhaber p. 561 zu schreiben privato nach Caes. b. c. 1, 6. 3, 14. 109. Vell. 2, 61, 1) consilio per occultos nuntios regi probato] 8, 21. 1 hoc omnibus probato consilio. — transireque ... pateretur] s. zu Al. 61, 6. — paratam multitudinem esse confectam taedio (nur hier im Corp. Caes., seit Livius häufig) puellae fiduciario regno (das ist die richtige Lesart, wie schon der Chiasmus zeigt). dominatione crudelissima Ganymedis, facere id, quod rex imperasset] 8. 48. 8 se ea facturum, quae imperavit: Caesar sagt immer imperata facere. — periculi timor] 8, 5. 4 periculi terror: fore impedimento] s. zu Al. 61, 6.

Kap. 24 zerfällt in drei verschiedene Bestandteile, § 1 gehört dem Caesar, § 2 dem Pollio, § 3—6 dem Hirtius.

§ 1 Caesar etsi fallacem gentem ... bene cognitam habebat, tamen petentibus dare veniam utile esse statuit] b. g. 7, 54, 2 etsi multis iam rebus perfidiam Aeduorum perspectam habebat . . . tamen eos retinendos non constituit. — b. g. 6, 4, 3 libenter Caesar petentibus Aeduis dat veniam: 7, 15, 6 datur petentibus venia; in anderer Stellung Gall. 8, 48, 9 P. veniam petenti dedit. — si quo pacto (b. g. 7, 83, 5) sentirent ea quae postularent] b. g. 5, 31, 2 si modo unum omnes sentiant ac probent. — quod magis illorum naturae conveniebat] b. c. 3, 107, 2 eo magis officio suo convenire.

§ 2 praeclarissimae patriae] Das Wort praeclarus fehlt bei Caesar gänzlich; selten ist der Superlativ, doch findet er sich bei Nep. 20. 1. 4. Cornif. 4 § 68, Cic. de leg. 3 § 25 und 44. Das Adverbium steht 30, 1 und 47, 5 in der Formel re praeclarissime gesta. Wenn auch das Wort aus Pollio nicht belegbar ist, so hat es doch sein Vorbild Accius an zwei Stellen 643 R. stirpe praeclara und Brut. 22

praeclariorem. — quae turpibus **incendiis et ruinis esset deformata**] Die Substantiva incendium und ruina bilden wie es scheint eine alte Formel, die besonders bei Cicero und den Juristen sich findet, vgl. Kalb Juristenlatein p. 26, über das sprichwörtliche incendium ruina exstinguere s. Wölfflin Archiv IV p. 37 Note. Caesar hat die Formel nicht; ebenso steht das Verbum **deformare** nur hier (vgl. Acc. 375 vastitudine tam deformatus. 606 vulnere deformatus). **deformitas** nur Al. 60, 1 (deformis hat Pollio ep. fam. 32, 3). — **cives suos primum ad sanitatem revocaret, deinde conservaret**] über den abgeschwächten Gebrauch von primum — deinde bei Pollio s. oben S. 34. — **dextra dextram tenens**] Pollio liebt solche mehr der Dichtersprache angehörige substantivische Parataxen, s. zu Al. 61,1.

§ 3 **regiis animus disciplinis fallacissimis eruditus**] Al. 78, 2 disciplinis regiis educatus. — § 4 **fore enim secum affirmans**] über affirmare mit Acc. c. Inf. s. zu 8, 1. — § 6 **laetabantur**] Caesar hat das Verbum nicht, Hirtius noch Al. 32,4; ib. wird mit cod. Petav. **esset elusa** herzustellen sein für elusa esset, s. hierüber oben S. 48.

Von Kap. 25 an haben wir bis zum Schlusse des alexandrinischen Feldzuges fast keine Aufzeichnungen Caesars mehr zu konstatieren. Hirtius hat offenbar — und das liegt in der Natur der Sache — bei seinem ersten Entwurfe zunächst nur die Kapitel ausgearbeitet, zu denen cäsarianische Fragmente und zwar in der Regel gröfseren Umfangs vorlagen. So haben wir gesehen, dafs Pollio in den Anfangskapiteln, wo Caesars Aufzeichnungen nur spärlich flossen, ziemlich grofse Stücke einsetzen mufste, so dafs die eigentliche zusammenhängende Ausarbeitung des Hirtius erst mit Kap. 10 beginnt. Kap. 10 aber enthält das erste gröfsere cäsarianische Bruchstück. Diese gröfseren Bruchstücke hören mit Kap. 21 auf. Hirtius fügt nun völlig de suo Kap. 22 und 23, allerdings zwei sehr schwächliche Abschnitte, hinzu; in Kap. 24 haben wir bereits eine gröfsere pollionische Einschaltung entdeckt. Solche pollionische Zuthaten begegnen nun auch in den folgenden Kapiteln, doch lassen sie sich in der Regel nicht — wie in früheren Teilen des Buches — paragraphenweise ablösen, vielmehr machen sie mehr den Eindruck einer Überarbeitung und Vervollständigung von Hirtius begonnener, durch bald gröfsere bald kleinere Lücken unterbrochener, aber doch zum Schlusse geführter Sätze und Sätzchen. Unter diesen Umständen ist natürlich die Scheidung des sprachlichen Eigentums beider sehr erschwert, manchmal unmöglich. Die Erklärung dieser sonderbaren Erscheinung liegt in den merkwürdig gelagerten Verhältnissen, denen vorliegendes Schriftstück sein Dasein verdankt.

Kapitel 25 würde ich für unberührt von Pollio halten, träfen wir nicht am Schlusse von § 5 die von ihm so bevorzugte Wortstellung circumventus ab Alexandrinis est und am Anfang von § 6 die Phrase subsidium ferre, die Hirtius fremd ist, s. zu 37, 4. Auch ist es auffallend, dafs das Adv. parum gerade in diesem Kapitel 2mal (§ 3 p. feliciter, § 5 p. celeriter) mit Adjektiven verbunden ist, sonst nirgends bei Hirtius — aber in der Kritik Pollios bei Sueton ‚parum diligenter parumque integra veritate'. Das Gepräge des ganzen Kapitels jedoch ist unverkennbar das hirtianische: man lese nur den sich mühsam durch den ganzen ersten Paragraphen hinschleppenden Satz, ein Glied scheint an das andere angeleimt zu sein ‚Cum — animadverterent eludentibusque militibus — magnum dolorem acciperent neque — viderent rumoresque existerent' etc. Dieselbe Periodologie zeigt § 5. 31, 1. 68, 1. — nihilo firmiores] 64, 3 nihilo periculosius. — magna praesidia terrestri itinere (32, 1. 34, 3) . . . adduci] hirt. Phrase, s. zu 1, 1. — commeatum intercipere] 8, 30, 1. 47, 2. Caes. sagt commeatum intercludere, prohibere. — § 2 expeditis navigiis locis idoneis in statione dispositis] 8, 28, 2 turmas idoneis locis disponit, Al. 61, 5; equites in statione disponit 8, 15, 3, vgl. 12, 7. — § 3 Quod ubi] noch 45, 3. — dimicatio maritima ist ein echt hirtianischer (affektierter) Ausdruck statt des gewöhnlichen pugna navalis, proelium navale! — feliciter confecta erat] Al. 78, 5 rebus felicissime confectis. — § 4 riecht sehr nach ciceronischem Latein ‚at fortuna, quae plerumque eos, quos plurimis beneficiis ornavit, ad duriorem casum reservat] ornare beneficiis wie reservare ad sind Lieblingsausdrücke Ciceros, vgl. Verr. V, 121 quos fortuna ad hanc causam reservavit, ib. I, 71 u. ö. Der ersteren Phrase bediente sich Antonius in einem Briefe an den Konsul Hirtius (?) bei Cic. Phil. XIII § 24 te A. Hirti ornatum beneficiis Caesaris. — § 5 cum ad Canopum ventum esset] 8, 23, 5 cum in colloquium ventum esset. — perforare nur hier und 46, 5, navem perforare sagt Cicero in einem Fragment.

Kap. 26 scheint mit einziger Ausnahme der Parenthese ‚namque tota Aegyptos maritumo accessu (cap. 30, 5. 38, 3 P) Pharo, pedestri Pelusio velut claustris munita existimatur' (cap. 51, 1 missurus existimabatur) vollständig hirtianisch zu sein: § 1 Sub idem tempus] S. über diese hirtianische Formel S. 63. — scientiae et virtutis] die Verbindung ist bereits aus 11, 3. 12, 1 als hirtianisch bekannt. — Ebenso die Formel ad auxilia accersenda] s. zu Al. 51, 3. — propensissima civitatum voluntate] propensus nur hier im Corp. Caes.; Cic. Phil. VIII, 1 tua voluntas fuit ad lenitatem propensior. — § 2 repente (noch 45, 4, hirt., s. oben S. 76) magnis circumdatum (sc. oppidum) copiis] vgl. 40, 3 legio magnis copiis hostium circumdata, durch diese Parallele erweist sich Madvigs Konjektur circumdatum copiis multiplicibus praesidio pertinaciter propugnante (ohne magnis!) als falsch. — multiplici praesidio pertinaciter (8, 22, 1. 41, 3. 13, 2) propugnantibus] Zur constructio ad sensum vgl. Liv. 32, 32, 4 arcem regiam tenebat praesidium neque ut decederent inde perpelli potuerunt. — quas integras vulneratis defessisque subiciebat] Caesar sagt gewöhnlich ut integri (et recentes) defessis (defatigatis) succederent. — praesidiumque ibi collocavit] Caesar sagt b. c. 3, 112, 5 und Al. 19, 1 atque ibi praesidium posuit. — § 3 Inde re bene gesta] 8, 27, 5 ita re bene gesta: 36, 1. Al. 47, 1. — auctoritate ea, quae] Dieselbe Stellung des Demonstrativpron. hat Hirt. 8, 8, 3 rebus iis quae: Al. 32, 3 veste ea sumpta, qua: 41, 2 supplicia constituit ea, quae: 66, 4 sacerdotium id: 68, 2 legionem eam, quam.

Kap. 27 erweist sich zwar schon durch die eintönige **relative Satzverbindung** als hirtianisch, aber im einzelnen bemerkt man auch Pollios redigierende Hand. So ist offenbar § 6 durch Pollio modifiziert worden: **Quod nisi locorum notitia reliqui se texissent . . . . funditus deleti essent**] Denn wenn auch **locorum notitia** von Hirtius geschrieben sein mag (vgl. Al. 8, 5. 10, 5), so ist doch die Einleitung des Irrealis mit quod dem Hirtius fremd, dem Pollio aber sehr geläufig, vergl. zu Al. 63, 6 und bes. Afr. 52, 4 **quod nisi in noctem proelium esset coniectum . . . . equitatus funditus ad internicionem deletus esset**; die Wendung **funditus delere** begegnet in Corp. Caes. nur an diesen beiden Stellen, wozu noch Afr. 22, 2 kommt. Auf Pollio führe ich auch zurück die Einschaltung **consuetudine nostra castris vallatis** in § 5, denn castra vallare steht nur noch cap. 30, 1, dessen Anfang rein pollionisch ist.

§ 1 **Locus est fere regionum illarum nobilissimus**] vgl. 47, 3 erat in ea nobilissimum regionum earum oppidum (Gall. 8, 24, 2 qui in illis regionibus erat), cäsar. Ausdrucksweise b. g. 5, 20, 1 prope firmissima earum regionum civitas, b. c. 3, 61, 2. — nam **pars quaedam fluminis Nili**] 8, 26, 1 pars quaedam civitatis eius. — **diversissimo ad litus intervallo**] Der Superlativ diversissimus ist spezifisch hirtianisch, cf. Wölfflin Compar. p. 33; noch Al. 42, 4 diversissima parte orbis terrarum = 8, 24, 2 in diversissimam partem Galliae. — § 2 **superari delerique**] s. zu Al. 61, 6. — **sine dubio**] noch Al. 67, 1, fehlt bei Caesar. — § 3 **optabat cum vinci**] optare mit Acc. c. Inf. auch Gall. VIII, 41, 2 hoc fonte prohiberi posse oppidanos cum optaverant reliqui, mit Inf. 9, 2 etsi dimicare optaverat. Die mehr poetische Konstruktion hat auch Pollio ep. 33, 1, cf. Schmalz l. l. p. 88 f. Caesar braucht überhaupt nur optatus und optandus und das Kompositum praeoptare. — § 4 **festinantes praeripere . . . victoriae societatem**] Das Verbum festinare gebraucht Caesar nicht, Hirtius noch Al. 71, 1 festinantem ac praecurrentem; die Konstruktion mit dem Infin. findet sich noch bei Sallust, Cicero, Pollio ep. 33, 3; cf. Schmalz p. 89; **praeripere** sagt Hirtius in der ep. ad Balb. § 5 im Wort-

spiel ‚ut praerepta, non praebita facultas scriptoribus videatur.
— § 5 magnum numerum interfecit] vgl. 8, 25, 1. —
§ 7 Qui ut] noch 31, 2 und 47, 4 quo ut; 8, 35, 5 quae
ut. Caesar hat zwar das temporale ut, aber nie mit relativem Anschlufs. — ab illo timore se recrearunt] cf. 8, 1, 1
milites reficere a tantis laboribus; Cicero sagt reficere
und recreare ex (z. B. Catil. 3 § 8 cum vix se ex magno
timore recreassot); Caesar nur reficere ex. Livius reficere und recreare a. —

Kap. 28 wird eröffnet durch zwei kurze, im lebhaften
Tone geschriebene Sätze: Mittitur a Mithridate nuntius Caesari,
qui rem gestam perferret. Cognoscit ex suis eadem haec
accidisse rex] Sehr ähnlich ist b. c. 2, 39, 1 Progressus
millia passuum VI equites convenit, rem gestam cognovit;
e captivis quaerit, quis castris ad Bagradam praesit: respondent Saburram. Es kann also möglicherweise der Anfang
dieses Kapitels eine cäsarianische Notiz sein; andererseits
liegt, wie oben bereits auseinandergesetzt, gerade jenem
Abschnitt im bell. civ. der Bericht Pollios zu grunde, und da
auch im bell. Afr. 77, 1 sich die Wendung rem a se gestam
docent findet, wird man wohl mit gröfserer Wahrscheinlichkeit annehmen, dafs Pollio jene Sätze hinzufügte, zumal
auch die gröfsere Einschaltung in § 2 von ihm herrührt.
Mit sicuti supra demonstravimus ist auf c. 14, 5
— eine pollionische Bemerkung — zurück verwiesen, vergl.
die Verweisung ut supra demonstratum est in cap. 4, 1.
Fischer p. 6 macht darauf aufmerksam, dafs Hirtius in
Gall. VIII bei Zitaten nur den Singular gebraucht und nie
das Passiv. — Eine spezifisch pollionische Phrase ist auch
eumque ad se victorem incolumi exercitu recepit] vgl.
47 fin. victor se ad Brundisium incolumi exercitu et classe
recepit; b. Afr. 66, 3 suos equites recepit incolumes;
78, 9 se recepit omnibus incolumibus. Hirtius gebraucht
das Adjektiv incolumis in Gall. VIII an keiner Stelle;
die Belege in bell. Al. fallen entweder in cäsarianische (16, 6.
20, 6) oder in pollionische Abschnitte (28, 2. 47, 5). Es bleibt
nur 47, 1 übrig suis omnibus incolumibus, wo entweder Hirtius den cäsar. Ausdruck in c. 16, 6 nostris in-

columibus omnibus kopiert oder Pollio die Hand im Spiele hat. — Der Rest des Kapitels ist hirtianisch. Deutlich sagen uns dies die Worte in § 1 Ita paene sub idem tempus] vgl. über die Formel S. 63. — Ebenso beliebt ist bei Hirtius die Verbindung proficisci ad mit Gerundivum, noch 8, 4, 3. 24, 4. 27, 1. 34, 1. Al. 51, 3. 54, 1. 66, 3. — § 3 quod erat ipse excelsior] Vgl. noch für dieses hirtianische ipse c. 36, 3 oppidum positum in Armenia minore est plano ipsum loco; 72, 1 Zela est oppidum in Ponto, positum ipsum, ut in plano, loco satis munito; über excelsior s. zu Al. 8, 4. — editissimo loco] der Superl. ist spezifisch hirtianisch, noch 31, 3 editissimum castrorum locum, 72, 2 editissimus collis.

Zu **Kap. 29** lagen möglicherweise cäsarianische Notizen vor, die Hirtius ausführte und in seine Darstellung verwob. Der Anfang ‚Inter castra et Caesaris iter flumen intercedebat angustum' erinnert an b. c. 3, 19, 1 Inter bina castra Pompei atque Caesaris unum flumen [tantum] intererat Apsus crebraque inter se colloquia milites habebant. Ich vermute sogar, daſs in dem verdorbenen tantum unser angustum stecke, welches Adjektiv einen vortrefflichen Sinn gibt: „der Fluſs war so schmal, daſs die Soldaten der beiderseitigen Heere sich mit einander unterhalten konnten." Auch der Ausdruck ‚qui transitu Caesarem prohiberent‘ hat seine Parallele in b. g. 7, 57 fin. nostros transitu prohibere instituit. — Dagegen enthält das Kapitel verschiedene Wörter und Wendungen, die dem Caesar völlig fremd sind, so § 2 processus (nullum enim processum virtus habebat aut periculum ignavia subibat, vgl. damit 10, 5 nulla satis idonea hortatio etc.); § 5 pertimescere (Lieblingswort Ciceros); ib. in fuga spem salutis collocare; Caesar sagt in dieser Redensart ponere oder reponere. Für Hirtius sprechen die Ausdrücke § 2 eminus ex ripis proelium impar inire] 8, 19, 2 quod (proelium) cum diutius pari Marte iniretur; § 3 quod tam diu pari proelio certaretur] s. die zu Al. 11, 3 beigebrachten Belege; vor allem aber § 5 die Formel sed id frustra: namque] 8, 3, 4 frustra: nam: 5, 3 nec frustra: nam: 19, 6 nequiquam: nam, siehe hierüber oben S. 67 und Wölfflin Archiv II, 10.

Kap. 30 ist — wie deutlich ersichtlich — von Pollio überarbeitet und erweitert worden; ganz neu hat er jedenfalls die erste Hälfte (§ 1—4) angefügt, während er in der zweiten im grofsen und ganzen die hirtianische Darstellung unberührt liefs.

§ 1 re praeclarissime gesta] ebenso 47,5; s. zu 24,2. — protinus victor ad castra regis pertendit] Caesar sagt nur protinus contendere ad, pertendere ist nachklassisch (Livius Romam, Sueton in Asiam); Hirtius gebraucht protinus gar nicht; im bell. Alex. begegnet das Wort nur an den beiden Stellen unseres Kapitels § 1 u. 3, dagegen steht es 4mal im bell. Afr. — § 2 Haec (demonstrativer Anschlufs!) cum et opere magno vallata] s. hierüber zu 27,5. — lassos itinere ac proeliando milites] Caesar hat zwar lassitudo, aber nicht lassus (auch Hirtius nicht), dafür defessus (proelio) u. defatigatus (itinere). Das Adjektiv hat einen archaischen Beigeschmack, besonders in Verbindung mit dem Ablativ des Gerundiums, vgl. Plaut. Asin. 873 opere faciundo lassus (Pacuv. 315 defessus perrogitando) — pafst also vortrefflich zu Pollios Sprache. — non magno intervallo relicto] ebenso Al. 38,3 P non ita magno medio intervallo relicto. — § 3 Ganz abweichend von des Caesar und Hirtius Sprache ist der Gebrauch von bracchium als militär. Kunstausdruck (= Befestigungsarm), dagegen finden wir das Wort in dieser Anwendung 5mal im bell. Afr. — difficile factu] Afr. 42,1. — ut ab ea victoria . . protinus castra regis oppugnaret] Caesar sagt b. g. 5, 17,5 ex hac fuga protinus; a-protinus kommt erst in der nachklass. Latinität bei Celsus und Plinius nat. hist. vor; cf. Celsus III, 9 fin. protinus a principiis, III, 5 p. 84, 14 a primo die protinus. — Auf Hirtius weisen in § 4 munitionibus succedere] wie 27,5; acerrime eminus proeliari coeperunt] 8, 41,3 eminus proeliantur; 19,5 acerrime proeliantur; Al. 31,1 milites acrius proeliari non posse; in § 6: plurimum proficiebant in repellendis vulnerandisque nostris] vgl. 22,1 magnas accessiones fecerunt in operibus expugnandis; **propugnare** (cf. 26, 2) und **impugnare** (8, 43, 2. 53, 1) — beide Verba fehlen im b. Afr.; dagegen kann **telis figere** sowohl Hirtius als Pollio geschrieben haben, das Wort ist dichterisch und nachklassisch, während wiederum liberum **accessum** habere auf Pollio zeigt, vgl. 38, 3 P facillimum accessum und oben 26, 2.

Kap. 31 ist völlig hirtianisch. § 1. Zur Periode **cum-cumque** vgl. 25, 1. — **nec tamen multum profici propter locorum difficultatem**] vgl. Al. 60, 5 neque tamen confligitur propter locorum difficultates; 8, 19, 6 quibus difficultatibus locorum: 41, 3 locorum vincere difficultates; man ist versucht, auch an unserer Stelle difficultates zu ändern. — **excelsissimum locum**] s. zu Al. 8, 4. — **studio partim pugnandi partim spectandi decucurrissent**] Nachahmung von Al. 20, 2 C. pars studio spectandi ferebatur, pars etiam cupiditate pugnandi. — **et animi magnitudine et rei militaris scientia virum praestantem**] cf. Al. 15, 2 hic ob notissimam scientiam atque animi magnitudinem. — § 2 **nostris contra militibus acerrime pugnantibus**] 8, 42, 3 milites contra nostri omnia fortissimo sustinebant animo. § 3 und § 4 **Quorum: ex quo: quod periculum**] beachte die Häufigkeit der relativen Satzverbindung — **editissimum castrorum locum**] s. zu 28, 3. — § 5 **magna ruina oppressis**] ebenso Al. 76, 2 partim suorum ruina oppressis.

Kap. 32 enthält in § 2 das letzte cäsarianische Fragment: **Neque eum consilium suum fefellit, quin** (b. c. 3, 94, 3 neque vero Caesarem fefellit quin) **hostes eo proelio audito** (b. g. 3, 27, 1 hac audita pugna u. ö., Hirtius gebraucht audire so nicht) **nihil iam de bello essent cogitaturi** (b. g. 7, 32, 1 nihil se de bello cogitavisse, vgl. 6, 2, 3). **Dignum adveniens fructum virtutis et animi magnitudinis** (Al. 15, 1 animi magnitudine ac virtute) **tulit** = b. c. 1, 74 magnum fructum suae pristinae lenitatis Caesar ferebat. Die Zuthaten am Anfange und am Schlusse des Kapitels stammen von Hirtius her: § 1 **Re felicissime celerrimeque gesta**] Al. 78, 2 a quo rem feliciter celeriterque gestam scripsimus, ib. § 5 rebus felicissime celerrimeque confectis = 8, 46, 2 rem celeriter feliciterque confecit; 8, 31, 3 qua in re summa felicitas celeritasque Fabium consequitur. — terrestri itinere] Al. 25, 1. 34, 3 (Caesar nicht). — § 3 omnis multitudo ... advenienti Caesari occurrerunt] 8, 51, 3 cum liberis omnis multitudo obviam procedebat. — armis proiectis] Al. 76, 2; Gall. 8, 29, 4. — veste ea sumpta] s. zu 26, 3 auctoritate ea. — qua supplices dominantes deprecari consuerunt, sacrisque omnibus prolatis, quorum religione precari offensos iratosque animos regum erant soliti] Vergleicht man Cic. Font. § 36 ut eorum iratos animos atque horribiles impetus deprecetur, so wird man keinen Augenblick anstehen, auch an der (wie eine Imitation aussehenden) Hirtiusstelle zu schreiben deprecari offensos iratosque animos und umgekehrt wird es bei dominantes besser heifsen precari. Man erhält so durch Vertauschung der beiden Verba in beiden Fällen einen sinngemäfseren Ausdruck. — § 4 qui non tantum bellum ipsum ac dimicationem, sed etiam talem adventum eius felicem fuisse laetabantur] Nichts spricht deutlicher für Hirtius als dieser Satz: die relative Anknüpfung mit qui; die Partikelverbindung non tantum — sed etiam (s. zu Al. 47, 2), das Substantiv dimicatio (s. zu Al. 11, 3) — sind das nicht die charakteristischen Kennzeichen des hirtianischen Stiles? Endlich noch laetabantur in derselben Form und Konstruktion wie Al. 24, 6.

Das Schlufskapitel des Berichtes über den alexandrinischen Feldzug c. 33 ist bis auf die parenthetische Bemerkung in § 2 cuius nomine diu regnasse impotenter Ganymeden docuimus, womit Pollio auf c. 4 fin. zurückweist (Hirtius sagt docui), ganz hirtianisch: § 1 quos testamento scripserat atque obtestatus erat] knüpft an b. c. 3, 108, 3 an „haec uti fierent ... eodem testamento Ptolemaeus pop. Rom. obtestabatur". — § 2 quae manserat in fide praesidiisque eius] s. zu Al. 23, 1. — ne qua rursus nova dissensio .. per homines seditiosos nasceretur] 8, 38, 1 ne qua rursus novorum consiliorum capiendorum Belgis facultas daretur; 8, 6, 1 ne quod initium belli nasceretur;

Al. 58, 1 ne dissensionis initium natum seditiosa militum natura videretur. — priusquam diuturnitate confirmarentur regum imperia] 8, 12, 1 quod plerumque accidit diuturnitate: 8, 2, 1 quae ne opinio Gallorum confirmaretur. — § 3 quo firmius esset eorum regum imperium] beachte die Eintönigkeit des Ausdrucks in so unmittelbarer Aufeinanderfolge; vgl. übrigens Al. 23, 1 quo possent esse firmiores. — vetustatis auctoritatem] 8, 8, 2 vetustatis opinionem. — § 4 Simul ad imperii nostri dignitatem utilitatemque publicam pertinere existimabat .. praesidiis eos nostris esse tutos] 8, 6, 2 cum .. pertinere non tantum ad dignitatem, sed etiam ad salutem suam iudicaret nullam calamitatem socios accipere. Die Konstruktion von pertinere mit dem Acc. c. Inf. ist besonders dem Briefstil eigen, fehlt bei Caesar; s. Stinner p. 66. — Sic rebus omnibus confectis et collocatis] Nachahmung von Caes. b. g. 3, 4, 1 vix ut rebus collocandis atque administrandis tempus daretur.

4. Das Bellum Ponticum, 1. Abteilung capp. 34—41.

Wie bereits oben S. 15 erwähnt, war dieser Teil des Kommentars von Hirtius am wenigsten gefördert worden. Es lagen dem Asinius Pollio nur das Anfangs- und die beiden Schlufskapitel vollendet vor, aufserdem eine Reihe zerstreuter Notizen, wie cap. 36 § 3 und die Schlufsworte des cap. 39.

Kap. 34 § 1 possideri vastarique pateretur] s. zu Al. 61, 6 pabulari frumentarique non pateretur. — quo malo nisi liberarentur] das Subst. malum ist beliebt bei Hirtius (das Adj. malus fehlt bei Caes. und Hirt.): 8, 12, 3. 48, 7.. quo malo perterriti 8, 35, 5. 42, 1. — § 2. Domitius non tantum (s. zu Al. 47, 2) ad explicandos sumptus rei militaris] explicare im Sinne von expedire gebraucht Hirt. noch 8, 4, 3 explicandae rei frumentariae causa; Caesar nicht, aber Cic. ep. fam. 13, 26, 2 ut negotia explices et expedies. — § 3 itinere terrestri] s. zu Al. 25, 1. 32, 1. — § 4 quas ille (Deiotarus) disciplina atque armatura nostra complures annos constitutas habebat] = Al. 68, 2 quam (legionem) Deiotarus armatura disciplinaque nostra constitutam habebat. — § 5 ex tumultuariis militibus] das Adj. tumultuarius steht nur hier im Corp. Caes., nachklassisch bei Livius und Curtius. — ad auxilia accersenda] s. über die hirtianische Phrase zu Al. 51, 3.

Zu **Kap. 35** können hirtianische Notizen vorgelegen haben, ausgearbeitet wurde es jedenfalls nicht von Hirtius, sondern, wie aus den späteren Kapiteln dieses Teiles deutlich hervorgeht, von Pollio. Man vergleiche § 2 non voluntate adductum sed necessitate mit Al. 57, 2 aut voluntate aut necessitate adductus. — quod posset .. quodque putasset, ib. § 3 quod ... poterat et quod ... erat subministratura (subm. 3mal im b. Afr., fehlt in Gall. VIII): Afr. 54, 4 quod . . instigasti quodque . . inutilis fuisti; 88, 5 quod dissimillimus . . fuerat quodque . . munierat. — perseverare coepit, ut eo quoque regno decederet] Mit perseverare ut läfst sich vergleichen urgere ut bei Poll. ep. 32, 4. Besonders auffallend ist, dafs Hirtius quoque an keiner Stelle in Gall. VIII gebraucht und im b. Al. ist unsere die einzige: dagegen finden wir quoque im b. Afr. 6mal, vgl. bes. 85, 5 ea quoque (castra) und in den Briefen Pollios 5mal, s. oben zu ep. 32, 2. Bemerkenswert ist übrigens auch, dafs cap. 35 und 36 mit interim beginnen, s. zu Al. 51, 1. Speziell zu dem Anfang von

Kap. 36 Complures interim vergl. den gleichlautenden von cap. 88 des b. Afr. — § 2 Hirtius und Caesar gebrauchen weder aspernari noch die Formel antiquius est mihi, dagegen ist aus dem Vorkommen derselben bei Vell. 2, 52, 3 neque prius neque antiquius quicquam habuit ein Rückschlufs auf den Gebrauch Pollios erlaubt. — § 3 liegt sicher eine Aufzeichnung des Hirtius zu grunde: magnis et continuis itineribus confectis] 8. 41, 2 magno cum labore et continua dimicatione; Al. 66, 3 magnis itineribus per Cappadociam confectis. — adventaret] 8, 20, 2. 26, 2, Caesar hat das Verbum 1 mal, Pollio nicht. — plano ipsum loco] über diesen Gebrauch von ipse s. zu Al. 28, 3. — Den Schlufs des Kapitels hat Pollio nach hirtianischen Notizen vervollständigt; auf Hirtius weist der Ausdruck in insidiis delectos pedites . . disposuit] vgl. 8, 16, 4. 18, 1, insidias disponere 8, 12, 1. Dagegen weicht von ihm ab: magnam multitudinem pecoris intra eas fauces dissipari iussit] denn die Praepos. intra findet sich in Gall. VIII nicht; im bell. Alex. nur an unserer Stelle und 73, 1 P aggerem comportari iubet intra munitiones = Afr. 6, 4. 21, 2. 31, 1. 2. 40, 5. 41, 1. 61, 2. Unsere Stelle ist vielleicht eine Reminiszenz an Acc. 435 R Hic Melanippum intra traiectus nemorum, in salti faucibus, vgl. auch 177 in celsis montibus Pecua atque inter colles pascunt Danai. Die Wörter pagani und obversari (Livius) sind ἅπαξ εἰρημένα im Corp. Caes.; tamquam sagt Pollio ep. 33, 3 und Gall. 8, 54, 2, nicht Hirtius.

Völlig pollionisch sind die Kapp. 37 und 38, welche die Vorbereitungen zur Schlacht und die Aufstellung der beiden Heere schildern.

Kap. 37 § 1 nunquam intermittebat legatos .. mittere] S. über diese Konstruktion zu Al. 6,1. — § 2 Ganz singulär im Corp. Caes. ist die Partikelverbindung at contra; dieselbe ist mehr archaisch-poetisch und findet sich bei dem Vorbild Pollios Accius 310 und bei Lucrez; selten in Prosa, wie bei Sallust 5 mal, in Ciceros Reden 4 mal (s. zu Rosc. Am. p. 366), in den philos. Schriften 2 mal, Fin. 1, 56. Tusc. 1.5. — § 3 castra oppido contulit] s. zu Al. 61, 2 und Afr. 68, 2 castris ex campo in collem ac tutiora loca collatis („verlegen"). — aciem instruxit suo more atque instituto] Diese Ausdrucksweise ist dem Hirtius fremd, dagegen begegnet sie b. Afr. 41, 2 acie instructa ex suo instituto. — § 4 In fronte enim simplici directa acie cornua trinis firmabantur subsidiis] frons in militärischer Bedeutung = Front gebrauchte Hirtius in Gall. VIII nicht; im bell. Al. steht es so 14, 3 an einer cäsarianischen und an unserer — pollionischen — Stelle. Ähnlich ist es mit dem Gebrauche des Wortes subsidium: in Gall. VIII fehlt es ganz, bell. Al. begegnet es in der allgemeinen Bedeutung von Hilfe 11, 2 (Caesar); 59, 2 (Pollio); 25, 6 (Pollio?), in der speziellen taktischen von Reserve 14, 2 (Caesar); 37, 4. 38, 1. 59, 2 (Pollio) — so erklärt sich auch diese von Fröhlich in der Festschrift p. 47 als eine der auffallendsten Verschiedenheiten zwischen Gall. VIII und bell. Alex. aufgeführte Erscheinung in einfacher Weise. — Von dem dichterischen Gebrauch der Distributiva anstatt der Cardinalia war bereits zu Poll. ep. 33, 3 die Rede; ebenso von der Bevorzugung des Simplex firmare zu Gall. 8, 48, 7. — dextra sinistraque] Pollio sagt sowohl asyndetisch dextra sinistra Afr. 78, 2 (wie Cato r. r. 21 — dreimal — und 160, Sallust. Iug. 101, 9!) als dextra sinistraque Afr. 70, 3; cf. Preuſs das zweigliederige Asynd. p. 41 f. — § 5 perfecit inceptum castrorum opus] incepta perficere Poll. ep. 33, 2; iter inceptum Afr. 75, 6. 80, 3.

Kap. 38. Proxima nocte] ebenso Gall. 8, 34, 2 P. und Al. 73, 2 P; Hirtius sagt insequenti nocte 8, 23, 1. 28, 1; Poll. ep. 33, 5 proximis litteris. — interceptis tabellariis] tabellarius 5 mal in Pollios Briefen (s. zu ep. 31. 1), 1 mal im b. Afr., fehlt bei Caesar und Hirtius. — subsidia mitteret] s. zu Al. 37, 4. — § 2 victoriae loco ducere] Vgl. Poll. ep. 31, 2 familiarium loco habere. Sallust. Iug. 14, 1 affinium loco ducere; Hirtius hat solche Redensarten mit loco nicht. — trahere tempus] ist singulär im Corp. Caes., bellum trahere sagen Sallust, Livius, Vell. 2, 52, 1. — § 3 facillimum accessum] über accessus s. zu Al. 26, 2. — non ita magno intervallo relicto] = Al. 30, 2 P. — longius . . producere] Gall. 8, 48, 3 P. — § 4 multum numero anteibat] anteire sagt Caes. 1 mal b. c. 1, 32, 8, Hirtius nicht: häufig bei Plautus und Sallust.

Zu **Kap. 39** hatte Hirtius zweifelsohne einige Notizen hinterlassen, man vergl. die Worte in § 1 neque se tuto discessurum arbitrabatur] mit Gall. 8, 27, 2 ex eo loco recedit nec se satis tutum fore arbitratur und den letzten Satz des Kapitels sic utrimque acie instructa processum est ad dimicandum] mit Al. 47. 1 ad dimicandum processerat. Dagegen sind die Wörter reicere (condiciones) und appetere dem Hirtius fremd (aber Pollio sagt bei Sen. Suas. 6, 24 simultates appetebat), ganz abweichend von seiner Redeweise vollends ist der Satz § 2 quibus angustissimum intervallum frontis **reliquit reliquis** cohortibus in subsidiis collocatis] über frons und subsidium s. zu 37, 4: die Zusammenstellung reliquit reliquis haben wir bereits zu Gall. 8, 2, 2 als spezifisch pollionisch erwiesen.

Die beiden Schlußkapitel dieses Teiles sind, wie es scheint, ganz hirtianisch.

Kap. 40 Signo sub idem tempus dato] über sub idem tempus s. S. 63; desgleichen über secundum proelium fecit] S. 64. — Mit moenibus succedere vergleiche man munitionibus succedere Al. 27, 5. 30, 4. — § 2 lesen die codd. fossam autem circumire acies secundo conata esset. Nipperdey verbesserte secundo richtig in transscendere, aber in acies steckt nicht blofs a e, sondern das seltene Wort **maceries** (Nebenf. maceria = „Lehmwand, Erdaufwurf"), wie zur Evidenz beweist die Parallele Gall. 7. 70, 5 nonnulli relictis equis fossam transire et maceriam transscendere conantur; es ist also a. u. St. zu schreiben fossam autem circumire et maceriem transscendere conata esset. — aperto latere] es wird ⟨ab⟩ aperto latere zu schreiben sein, vgl. Al. 20, 3 C. und Meusel Lex. I Sp. 284. — § 3 magnis copiis hostium circumdata] vgl. Al. 26, 2 magnis circumdatum copiis. — praesentissimo animo pugnans] ist wahrscheinlich ein pollionischer Zusatz, vgl. Afr. 46, 1. 88, 4; aus Hirtius nicht zu belegen. — Auch die Stellung des Subjekts zwischen den Ablat. absolut. in § 5 Quo tamen incommodo Domitius accepto] ist zwar aus Caesar (cf. Fischer d. Rektionslehre II p. 5 und zu Reisig N. 591) und den andern Caesarianern Planc. ep. 10, 15, 2; b. Afr. 62, 5 (Cicero in einem Briefe an Atticus 8. 11 D. 3) bekannt — aber nicht aus Hirtius. — reliquias exercitus collegit] Al. 42, 4 reliquiis ex fuga collectis.

Kap. 41 § 1 rebus secundis elatus] Gall. 8, 29, 3 at nostri equites laetitia victoriae elati = Al. 76, 3 at nostri victoria elati. Pontum omnibus copiis occupavit] Al. 72, 3 hunc locum copiis suis omnibus occupavit; vgl. 8, 32, 2. — § 2 supplicia constituit . . . . ea (s. zu Al. 26, 3), quae morte essent miseriora] vgl. Al. 70, 6 supplicium gravius morte. — nullo defendente] ebenso 8, 33, 1.

5. Res in Illyrico gestae capp. 42—47.

Während der alexandrinischen und illyrischen Vorgänge befand sich Hirtius in Achaia (vgl. Nipp. quaest. p. 10), war also jedenfalls über die letzteren genügend orientiert. Die Schilderung derselben umfafst sechs Kapitel und gehört zu den selbständigsten Partien des ganzen Kommentars. Nur cap. 46 § 4 und cap. 47 der Schlufsparagraph scheint aus Pollios Feder geflossen zu sein.

Kap. 42 § 1 Sub idem tempus] Überleitung wie cap. 26, 1. — non tantum — sed etiam] s. zu Al. 49, 2. — ad exercitus alendos] 8, 47, 2 latrociniis se suosque alebat. — prudentia ac diligentia sua] Dieselbe Verbindung Al. 68, 1 homo tantae prudentiae ac diligentiae. — § 3 ist eine getreue Probe hirtianischer end- und kunstloser Periodologie. — ad decursiones faciendas] decursio steht im ganzen Corp. Caes. nur hier und 8, 24, 3. — Pharsalici proelii] s. zu Al. 48, 1. — quorum semper in rem publicam singulare constiterat officium] ciceronische Phrase, cf. p. red. in sen. § 23 omnia officia C. Septimii summa et in me et in rem publicam constiterunt. — captivis navibus] ebenso Al. 47, 2. — § 4 diversissima parte orbis terrarum] s. zu Al. 27, 1. — reliquiis collectis] vgl. Al. 40, 5. — omnem illam partem] vgl. 9, 4. — bellum instauraturam esse] Gall. 8, 1, 1 sagt Hirtius renovare belli consilia; das Verbum instaurare steht nur hier im Corp. Caes., vielleicht infolge ciceronischen Einflusses, da Cicero instaurare caedem, scelus, proscriptionem sagt.

Kap. 43 hiberno tempore anni ac difficili] 8, 6, 1 tempore anni difficillimo; Al. 64, 3 hiberna tempestate;

das Adjektiv hibernus, das bei Caesar und Pollio fehlt, hat Hirtius mit Cicero gemeinsam, z. B. Verr. V, § 26 temporibus hibernis, ib. hibernis mensibus. — virtute et scientia] spezifisch hirtian. Verbindung, s. zu Al. 11,3. 12, 1. 26, 1. — ductu ausuque] Dinter nach einigen codd., es ist unzweifelhaft auspicioque zu schreiben mit Lipsius und Dübner „quod confirmant T L V qui ausioque. Sic iidem praedio, subdia pro praesidio, subsidia'. — intercluso mari tempestatibus] Al. 3, 4 interclusum tempestatibus. — § 2 durissimis tempestatibus] 8, 5, 4 tempestatibus durissimis. — crebro] s. zu Al. 60, 5. — a barbaris] noch 44, 1 (bis). 78, 2. in Gall. VIII 10mal. — fortissimi fidelissimique] Diese allitterierende Formel fehlt bei Caesar; Hirtius mag sie von Cicero haben, vgl. Wölfflin allit. Verb. p. 58. Aufserdem begegnen bei Hirtius die allitt. Verbindungen fumus et flamma 8, 16, 2, animo atque armis 8, 18, 2; incendiis caedibus 8, 25, 1, vgl. oben S. 57. — § 3 und 4 zeigen keine charakteristischen Merkmale, aufser etwa infelicitas alicuius („Pech") = 72, 2 infelicitas Triarii.

Kap. 44 wird eröffnet durch eine verwickelte, echt hirtianische Periode: Vatinius Brundisii cum esset, cognitis rebus . . . cum . . . evocaretur et M. Octavium audiret . . percussisse compluribusque locis . . oppugnare . . . etsi . . . sequebatur tamen ... vicit. — crebris litteris] ebenso 8, 39, 1. — ad auxilium ferendum] s. zu Al. 2, 3. — foedera percussisse] steht nirgends bei Caesar, Cicero, Sallust, Livius, nachklassisch bei Florus, Justin, Aurel. Victor, cf. Krebs Antib. — difficultates hiemis] 8, 5, 4 hiemis difficultate. — § 3 tardius] 8. 16, 1. 19, 5. Al. 76, 1. — § 4 remanentes in suo consilio] 8, 39, 1 quo in consilio remanerent (Kraner, permanerent codd.); cf. in sententia permanere Al. 54, 3. 63, 4. — moram necessitatemque iniungebat] 8, 6, 4 und 49, 3 onus iniungere. — quam celerrime posset] 8, 11, 1. 39, 4. — § 5 discedere ab oppugnatione] 8, 40, 1 recedere ab oppugnatione.

Kap. 45 zeigt sprachlich wenig Individuelles, doch weist das zweimalige repente § 2 und 4, die Redensarten navis instructa propugnatoribus = Al. 10, 4 (propugnator nicht in b. Afr.; aber 8, 9, 4. Al. 11, 4. 12, 1. 46, 5), instruitur utrimque acies = Al. 39, 2; paratior animis = 8, 18, 2 animo atque armis parati deutlich auf Hirtius hin.

Kap. 46 ist bis auf § 4 hirtianisch.

§ 3 magnum comminus proelium factum est] ebenso 76, 1 magno atque acri proelio comminus facto. — § 4 quanto — tanto] fehlt bei Hirt., dagegen b. Afr. 6, 6. — confligendi potestas] steht im Corp. Caes. nur hier und Al. 60, 1 P. — admiranda virtute] admirandus steht nur hier im Corp. Caes. — longe superiores] erstes Beispiel für longe mit dem Komparativ; aus Vell. 2, 79, 3 longe maiorem partem kann man auf den Gebrauch bei Pollio schliefsen. — rem feliciter gerebant] sagt Pollio auch Al. 48, 1. — § 5 perforatae] s. zu Al. 25, 5. — propugnatores] hirtian. Wort, s. 45, 2. — § 6 myoparonem] s. über dieses Fremdwort oben S. 39.

Das **Schlusskapitel 47** ist ebenfalls von Hirtius, doch scheint den letzten Satz § 5 Pollio hinzugefügt zu haben, dessen Bericht über die spanischen Wirren mit cap. 48 beginnt.

§ 1 re bene gesta] s. zu Al. 26, 3. — suisque omnibus incolumibus] s. über diese dem Hirtius sonst fremde Ausdrucksweise zu Al. 28, 2. — ad dimicandum processerat] Al. 39 fin. processum est ad dimicandum. — § 2 Über penteris und dicrota s. oben S. 40. — captivae naves] wie Al. 42, 3. — postero die ... consumpto] 8, 14, 1 compluribus diebus consumptis; Al. 66, 1. — se recepisse ex fuga] wie Al. 3, 3. — § 3 nobilissimum regionum earum oppidum coniunctissimumque Octavio] cf. Al. 27, 1 locus regionum illarum nobilissimus und 8, 50, 2 pro homine sibi coniunctissimo. — § 4 quo ut venit] s. zu Al. 27, 7. — § 5 re praeclarissime gesta] ebenso Al. 30, 1 P; s. zu Al. 24, 2. — incolumi exercitu se recepit] s. über diese pollionische Phrase zu Al. 28, 2.

6. Das Bellum Ponticum, 2. Abteilung capp. 65—76.

Dafs Hirtius den Caesar auf seinem Feldzug gegen Pharnaces begleitete, hat Nipperdey quaest. p. 10 mit Recht aus Cic. ad Att. 11, 20, 1 und Al. 74, 3 (s. z. St.) geschlossen. Er hatte also zur Schilderung desselben keine Vorarbeit nötig. So bildet dieser Abschnitt wie der, welcher die illyrischen Ereignisse behandelt, den echt hirtianischen Kern unseres Kommentars, und wir werden im Folgenden sehen, wie grofs die Übereinstimmung dieser Partie mit dem VIII. Buche de bell. Gall. ist. Die Redaktionsthätigkeit Pollios tritt naturgemäfs hier mehr in den Hintergrund und erscheint nur als eine den Ausdruck mitunter modifizierende. Kap. 70 und 71 enthalten einige so ausgeprägt cäsarianische Wendungen, dafs man versucht ist, entweder auch für diesen Abschnitt anzunehmen, dafs dem Hirtius schriftliche von Caesar hinterlassene Aufzeichnungen vorlagen oder — was wahrscheinlicher ist — dafs Hirtius, der sich in der unmittelbaren Umgebung Caesars befand, an jenen Verhandlungen zwischen Pharnaces teilgenommen und sich Notizen darüber gemacht hatte.

Kap. 65 § 1. Begonnen wird dieser Abschnitt mit der bereits bekannten hirtianischen Form der Periode: Cum . . venisset atque cognosceret litterisque animadverteret etc., s. zu Al. 25, 1. — contra morem consuetudinemque] 8. 50, 1 contra consuetudinem. — quae dissolvendae disciplinae essent] Diesen Gerundivgenetiv hat auch Cic. Verr. II § 132 quae res evertendae rei publicae solent esse, s. zu Reisig N. 586; die Phrase disciplinam dissolvere ist ebenfalls ciceronisch, s. m. Note zu Mur. § 65. — praeferendum existimavit . . . relinquere] praeferre mit Infinitiv ist poetische Konstruktion, cf. Draeger II § 415. externorum hostium metum] externum sustinere hostem 8, 27, 2; externo hoste deleto 8, 37, 2. — § 3 cum secundo proelio vehementer esset inflatus] = 8, 12, 6 inflantur atque incitantur hostium animi secundo proelio. — § 4 Commoratus fere in omnibus civitatibus . . . praemia bene meritis et viritim et publice tribuit, de controversiis veteribus cognoscit ac statuit] = 8, 46, 5 Paucis diebus ipse in provincia moratus, cum celeriter omnes conventus percucurrisset, publicas controversias cognosset, bene meritis praemia tribuisset. Vgl. auch Al. 68, 1.

Kap. 66. § 1 Paucis diebus in ea provincia consumptis] s. zu Al. 47, 2; 8, 14, 1 compluribus diebus isdem in castris consumptis. — § 2 oppidum fere totius Ciliciae nobilissimum fortissimumque] vgl. Al. 47, 3. Statt fortissimum ist vielleicht zu schreiben firmissimum, vgl. b. g. 5, 20, 1 prope firmissima civitas, ib. 54, 2. — § 3 cupiditate proficiscendi ad bellum gerendum] s. zu Al. 28, 1. — magnis itineribus confectis] s. zu Al. 36, 3. — § 4 id homini nobilissimo adiudicavit] cf. 78, 3 eidem tetrarchiam adiudicavit. — sacerdotium id] über die Stellung des Pronomens s. zu Al. 26, 3.

Kap. 67 § 1 sine dubio] noch Al. 27, 1; neque tantum — sed etiam] s. zu Al. 49, 1. — reorum habitu] habitus nur hier im Corp. Caes., häufig bei Cicero. — venit oratum, ut sibi ignosceret, quod . . . . exercitibus imperiisque in Cn. Pompei castris fuisset: neque enim se debuisse iudicem esse . . . . sed parere praesentibus imperiis] dafs ein Particip. Perf. Pass. bei exercitibus imperiisque ausgefallen, ist klar, Dinter ergänzte coercitus, Glandorp coactus. Das letztere ist das richtige, wie hervorgeht aus der schlagenden Parallele 8, 25, 2 neque imperata unquam (civitas Treverorum) nisi exercitu coacta faciebat, von welchem Stamme auch Caesar sagt b. g. 5, 2, 4 neque ad concilia veniebant neque imperio parebant. Es ist also zu schreiben exercitibus ⟨coactus⟩ imperiisque.

Kap. 68. § 1 Zur Periode cum — cumque s. zu Al. 31, 2. — commemorare officia] ebenso Al. 70, 4. — excusationem inprudentiae recipere] vgl. ep. ad. Balb. § 1 difficultatis excusationem habere. — tantae prudentiae ac diligentiae] Dieselbe Verbindung Al. 42, 2. — coarguisset] coarguere nur hier im Corp. Caes.; ciceronisches Wort. — de controversiis tetrarcharum postea se cogniturum esse] Vergl. dieselbe Phrase c. 65, 4. — Ebenso begegnete der ganze Ausdruck legionem armatura disciplinaque nostra constitutam habebat bereits oben Al. 34, 4. Über legionem eam, quam etc. s. zu Al. 26, 3.

Kap. 69 § 1 periculis functam (legionem)] vgl. 8, 7, 2 equites officio functi. — in eo proelio, quod Cn. Domitium fecisse cum Pharnace scripsimus] vgl. 8, 31, 1 eo proelio, quod cum Dumnaco fecerat. — § 2 deprecantur, ne eius adventus hostilis esset] hostilis gebraucht Hirtius an keiner Stelle, dagegen Pollio im Bericht über die spanischen Wirren cap. 58, 4 in derselben Verbindung wie an unserer Stelle und cap. 59, 2 hostili modo. Man muſs also annehmen, daſs entweder auch an unserer Stelle Pollio diesen Ausdruck eingesetzt hat, oder — was mir weniger wahrscheinlich ist — Hirtius denselben hier kopiert hat.

Kap. 70 § 1 Caesar respondit se fore acquissimum Pharnaci] aequus mit Dativ hat Caesar nicht; Hirtius vielleicht nach Ciceros Muster Cluent. § 202 qui aequi estis omnibus. — si, quae polliceretur, repraesentaturus esset] cäsarianische Phrase, cf. b. g. 1, 40, 14, itaque se, quod in longiorem diem collaturus fuisset (vgl. Al. 71, 1), repraesentaturum. — § 2 monuit ut solebat mitibus verbis legatos] vgl. b. g. 7, 43, 4 quam mitissime potest legatos appellat. — § 3 iniurias condonare iis] Hirtius nur hier; Caes. b. g. 1, 20, 5 iniuriam condonare: ib. § 6 praeterita fratri condonare. — officiosi] nur hier im Corp. Caes., ciceronisches Wort. — § 4 dii immortales] konstante Verbindung bei Caesar, s. zu Al. 15 fin., 75, 3. — § 6 supplicium gravius morte] cf. Al. 41, 2 supplicia quae morte essent miseriora. — § 7 quae penes eum essent] penes gebraucht Hirtius nicht, wohl aber Caesar, z. B. b. c. 2, 20, 8 quod penes eum est pecuniae tradit. Das stärkere Hervortreten cäsarianischer Ausdrücke in diesem und dem nächsten Kapitel erklärt sich wohl daraus, dafs Hirtius teilweise wirklich die Worte wiedergibt, die damals Caesar (in seiner Ansprache an die Gesandtschaft) gebrauchte; vgl. unsere einleitenden Bemerkungen zu diesem Abschnitte.

Kap. 71. § 1 liberaliter omnia pollicitus] cäsar. Phrase, b. g. 4, 21, 6. — festinantem] s. zu Al. 27, 4. — crediturum suis promissis] Caesar gebraucht (wie auch Pollio) bekanntlich nur pollicitatio, s. zu b. c. 3, 108, 2 und Krebs-Schmalz Antib. s. v.; man wird also nicht fehlgehen, wenn man den hirtianischen Gebrauch von promissum auf Ciceros Unterricht zurückführt, vgl. Mur. 50 integrorum promissis saucios credere non oportere. — nemini enim erat ignotum] dagegen sagt Pollio in Gall. 8, 55, 2 quamquam nulli erat dubium, s. z. St. (8, 49, 1 steht nulli adjektivisch, sc. civitati!). — lentius agere, decedendi diem postulare longiorem (cäs. Phrase, s. zu 70, 1), pactiones interponere, in summa frustrari coepit] Die ganze Stelle macht den Eindruck einer Nachahmung von Cic. Rosc. Am. § 26 ac primo rem differre cotidie ac procrastinare coeperunt, deinde aliquanto lentius [nihil] agere atque deludere (vgl. § 110) und führt auf den richtigen Weg zur Emendation der cicer. Stelle, nämlich, dafs nicht in lentius (wofür man licentius, insolentius, petulantius lesen wollte und las) die Verderbnis stecke, sondern in nihil. Mit Recht haben also Halm und Kayser dieses Wort eingeklammert. — frustrari] nur hier im Corp. Caes. — celerius omnium opinione] Dieselbe Phrase 8, 8, 4; Al. 78, 5; s. zu Al. 51, 4.

Kap. 72. § 1 positum ipsum] s. über ipse zu Al. 28, 3. 36, 3; ut in plano] über ut zu Al. 64, 3. — excelsiore (s. zu Al. 8, 6) fastigio] vgl. 8, 14, 4 declivi fastigio. — § 2 multi intercisi vallibus colles] s. zu 73, 3. — editissimus] s. zu Al. 28, 3. 31, 3. — infelicitatem Triarii] Al. 43, 4. — § 3 copiis suis omnibus occupavit] = Al. 41, 1.

Kap. 73 ist pollionisch bis auf den Schlufs cum spatio non amplius passuum mille intercisa valles castra hostium divideret ab opere incepto Caesaris castrorum] = 8, 14, 4 cum palude impedita a castris castra dividi videret .. atque id iugum ... mediocri valle a castris eorum intercisum animum advertebat: vgl. oben 72, 2. — Dafs das übrige von Pollio herrührt, resp. umgearbeitet ist, beweisen folgende Stellen: § 1 aggerem comportari iubet intra munitiones] Hirtius gebraucht comportare nicht, denn 8, 47, 2 commeatus comportabantur ist pollionisch, vgl. oben S. 71. Kap. 74.3 sagt Hirtius aggerem portare. Dagegen steht comportare im bell. Afr. an 9 Stellen, vgl. 7, 4 aquam in naves iubet comportari; 10, 1 iubet comportari ligna in oppidum; von der ebenfalls im b. Afr. häufigen, Gall. VIII fehlenden Formel intra munitiones ist bereits oben zu Al. 36, 2 die Rede gewesen. — § 2 proxima nocte] s. zu Al. 38, 1. — Von dem ursprünglichen hirtianischen Texte mag Pollio secundum proelium adversus Triarium fecerat aufgenommen haben, vgl. Al. 19, 1. Dagegen verraten Pollios Hand die Ausdrücke prima luce (s. z. 74, 1), neque opinantibus hostibus (s. zu Al. 63, 5; b. Afr. 7, 5 neque opinantibus Caesarianis; 66, 1) und § 3 huc omnem comportatum aggerem ex castris servitia agere iussit] servitia für servi steht im ganzen Corp. Caes. nur an 3 Stellen, nämlich aufser der unsrigen noch b. Afr. 85, 2 und 88, 1 — scheint der Schlufs zu kühn, dafs der Verfasser dieser drei Stellen identisch, sowie der weitere, dafs es Asinius Pollio sei, der ep. 33, 4 sagt servitia concitaturum? Nach allem Vorausgehenden hoffentlich nicht mehr!

Kap. 74 § 1 Pharnaces cum id repente prima luce animadvertisset] Das Kapitel ist zwar hirtianisch (repente!), doch hat sich Pollio hie und da erlaubt eine kleine Einfügung zu machen, wie hier prima luce. Es steht diese Formel im bell. Gall. VIII nicht, im Alex. nur 73, 2 und 74, 1, im Afr. 63, 5 und 95, 2 (cum pr. l.) — also dürfen wir nach der sonstigen Umgebung der Formel in cap. 73, 2 (es folgt unmittelbar neque opinantibus) mit Fug und Recht annehmen, dafs Pollio auch 74,2 dieselbe eingeschaltet habe. — locorum iniquitate] vgl. Al. 40,3. 76,2. — consuetudine pervulgata] Einen ähnlichen Pleonasmus zeigt Gall. 8.3,2 vulgare signum quod consuevit: 17,2 qua consuetudine consuerat. — § 2 pro vallo instructa] ebenso 8, 15,3. — § 3 quibus obtemperasse (noch 8, 7,4) cum postea audiebamus] Mit Recht schliefst Nipp. p. 11 aus diesen Worten auf die persönliche Teilnahme des Hirtius an der Schlacht ,nam qui non affuisset, inepte se id postea audisse diceret, quod antea audire omnino nequisset.' — magnam illam servorum (Pollio sagte oben servitia!) multitudinem, quae aggerem portabat (Pollio sagte comportabat). — inito consilio] s. zu Al. 50,1. — § 4 cum interim] ebenso 8, 19,8.

Kap. 75 incredibili temeritate] vgl. 77.1 incredibili laetitia. — neque opinans imparatusque oppressus] neque opinans hat ohne Zweifel Pollio (s. zu Al. 63,5) zu dem hirtianischen imparatus (noch 8, 3,1 und bes. bei Cicero) hinzugefügt. — § 2 permixtos milites **perturbant**] vgl. zu Al. 54,1. — quae tamen] beliebte Zusammenstellung bei Hirtius, cf. Preufs Lex. S. 170, 29,30. — § 3 insequitur has acies hostium] acies im Plural auch 8, 29,2 perterritae acies hostium. — multum adiuvante natura loci, plurimum deorum immortalium benignitate] Dieselbe Gradatio hat Planc. ep. fam. 10, 24, 7 multum in hac re mihi videntur necessarii eius . . proficere posse, plurimum ut puto tu quoque.

Kap. 76 § 1 Magno atque acri proelio comminus facto] = Al. 46,3. — initium victoriae natum est] ebenfalls hirt. Phrase, s. zu Al. 58,1. — proclivi detrudere] proclivi beliebt bei Cicero, Fin. 5 § 84 pr. currere, Tusc. 4 § 42 pr. labi. — totae copiae] statt omnes copiae auch Caes. b. c. 3, 44, 6; b. Hisp. 16,2: cf. Köhler p. 398. — § 2 quae quam facile subierant — tam celeriter] vgl. Hirt. ep. Att. 15, 6,2 quam facile a te de me impetrare possunt, ita per te exorentur. — suorum ruina oppressis] = Al. 31,5. — armis proiectis] = Al. 32,3. — § 3 at nostri victoria elati] = 8, 29,3 at nostri equites laetitia victoriae elati; vgl. auch Al. 41,1. — § 4 **interfecta multitudine omni suorum aut capta**] omnis multitudo = 8, 51, 3, Al. 32, 3.: magno numero hostium interfecto aut capto 8, 25, 1. — **facultatem attulisset liberius profugiendi**] 8, 32, 1 nec iam libere vagandi .. facultatem haberent: ib. 16, 2 liberam facultatem sui recipiendi Bellovacis dederant.

Die beiden Schlusskapitel 77 und 78.

Kap. 77 enthält wenig Bemerkenswertes; die Phrase victoria facilis ex difficillimis rebus acciderat ist Nachahmung von Caes. b. g. 2, 27 fin. quae facilia ex difficillimis animi magnitudo redegerat.

Kap. 78 § 1 **de controversiis cognoscit et statuit**] vgl. zu Al. 65, 4. — § 2 **rem feliciter celeriterque gestam** und § 5 **rebus felicissime celerrimeque confectis**] = 8, 46, 2 quam rem sicuti cetera celeriter feliterque confecit; s. auch zu Al. 32, 1. — **disciplinis regiis educatum**] Al. 24, 3 regius animus disciplinis fallacissimis eruditus. — **adiudicavit**] s. zu Al. 66, 4. — **celerius omnium opinione**] = Al. 71 fin., s. zu Al. 51, 4.

So hat sich uns das Problem, das Jahrhunderte hindurch die Gelehrten beschäftigte, in einer alle Widersprüche aufklärenden Weise gelöst. Es haben diejenigen Recht, welche den Hirtius als den Verfasser des bell. Alex. aufgestellt haben, denn er hat das Gerüste dazu aufgerichtet. Es sind aber auch diejenigen nicht im Unrecht, welche auf Grund der zwischen dem VIII. Buche de bell. Gall. und dem bell. Alex. bestehenden auffallenden Verschiedenheiten in Sprache und in Darstellung die Identität der Verfasser in Zweifel gezogen und bestritten haben, denn nur zum Teil hat Hirtius das bell. Alex. selbst geschrieben, ein gut Stück des alexandrinischen Feldzuges fand sich noch in Caesars Papieren, den Bericht über die spanischen Unruhen hat ihm C. Asinius Pollio geliefert, und als Hirtius durch einen plötzlichen Tod an der Vollendung seines Werkes gehindert wurde, war es Pollio, der die besonders im ersten und zweiten Teile (capp. 1—41) noch sehr der Verbesserung, Erweiterung und Vervollständigung bedürftige Schrift zum Abschluſs brachte und zugleich den Zusammenhang einerseits zwischen dem VIII. Buche de bell. Gall. und dem bellum civile, andererseits zwischen diesem und dem sog. bell. Alex. herstellte. Das bereits dem Hirtius zur Verfügung gestellte Tagebuch über den afrikanischen Krieg übergab Pollio (vielleicht zugleich mit dem im Nachlasse vorgefundenen bellum Hispaniense) der Öffentlichkeit — ohne seinen Namen zu nennen, ja ihn geflissentlich aus sämtlichen Kommentarien tilgend. Ohne Zweifel hatte er schon damals im Sinne, eine zusammenhängende Geschichte der Bürgerkriege vom Jahre 60 an (Horat. carm. 2,1 Motum ex Metello consule civicum!) zu schreiben, und war dies einer der Gründe, die ihn zur anonymen Herausgabe bestimmten. Wäre uns dieses Werk überliefert worden, so wäre gewiſs schon längst seine Mitwirkung auch an jenen Kommentarien entdeckt worden. Doch gebe ich mich der Hoffnung hin, daſs es mir auch aus den geringen erhaltenen Resten seiner litterarischen Thätigkeit den Nachweis zu liefern gelungen ist, **daſs wir in C. Asinius Pollio den Verfasser des Tagebuchs über das Bellum Africanum und den Redakteur des cäsarianisch-hirtianischen Nachlasses zu erblicken haben.**

Inhalt.

Seite.

A. Allgemeiner Teil: Geschichte und Kritik der Hirtiusfrage. Neue Aufstellungen: C. Asinius Pollio der Verfasser des Tagebuches über das Bell. Africanum und Redakteur des cäsarianisch-hirtianischen Nachlasses . . . . . 3—20

B. Spezieller Teil: Nachweis . . . . . . 21—134

  I. Das Bellum Africanum, seine Sprache: Übereinstimmung mit den erhaltenen Briefen des Asinius Pollio . . 21—44

  II. Der litterarische Nachlass des A. Hirtius:

    1. Der Bericht über die Unruhen in Spanien
bell. Alex. c. 48—64 von Pollio dem Hirtius geliefert 45—63

    2. Das VIII. Buch de bello Gallico: Sprache des Hirtius: Einlagen Pollios . . . . 64—73

    3. Das Bell. Alex. im engeren Sinne:
bell. civ. III. 108—112 vervollständigt von Pollio . 74—82
bell. Alex. 1—33 nach cäsarianischen Aufzeichnungen von Hirtius und Pollio ausgearbeitet . . . 83—119

    4. Das Bellum Ponticum, 1. Abteilung
b. Al. c. 34—41 von Pollio vervollständigt . . 120—124

    5. Res in Illyrico gestae
b. Al. 42—47 größtenteils von Hirtius, ebenso . 125—127

    6. Das Bellum Ponticum, 2. Abteilung
b. Al. 65—76 und die beiden Schlußkapitel 77 u. 78 128—131

Verzeichnis der kritisch behandelten Stellen.

	Seite.		Seite.
Bell. Gall. 7, 35, 4 . .	88 Note	Bell. Alex. 20, 4 . .	106
8, 25, 2 . .	96	22, 1 . .	107 f.
Bell. civ. 1, 58, 2 . .	99	23, 1 u. 2 .	109
3, 19, 1 . .	115	31, 1 .	57. 117
3, 70, 1 . .	85	32, 3 . .	118
3, 86, 5 . .	100 f.	40, 2 . .	123 f.
3, 108, 2 . .	79	43, 1 . .	126
3, 109, 6 . .	80	49, 2 . .	49
Bell. Alex. 3, 1 . .	85 f.	66, 1 . .	129
7, 1 . .	90	67, 1 . .	129
7, 2 u. 3 .	91	Bell. Afric. 4, 3 . .	30 f.
15, 2 . .	98	14, 1 . .	29
16, 1 . .	101	73, 3 . .	31
19, 2 . .	101	Cic. Rosc. Am. § 26 . .	131

Berichtigung.

S. 19, Z. 20 u. S. 31 Z. 6 v. u. lies Bagrada.
S. 107, Z. 3 lies Postquam.